Urs Schwarz · Der Naturgarten

Urs Schwarz

Der Naturgarten

Mehr Platz für einheimische
Pflanzen und Tiere

Herausgegeben von der »Stiftung
World Wildlife Fund Schweiz
für die natürliche Umwelt«

Vorwort von Horst Stern

Wolfgang Krüger Verlag

Fotos von Franz und Alex Oberholzer, Willy Forster, Hansruedi Wildermuth
Zeichnung von Gustav Forster

Diese Veröffentlichung wurde unterstützt durch folgende Donatoren:

Bundesamt für Forstwesen, Bern
Abt. Natur- und Heimatschutz

Amt für Raumplanung des Kantons Solothurn

Planungsamt des Kantons Bern

Amt für Raumplanung des Kantons Zürich

Adressen:

Stiftung WWF für die natürliche Umwelt
Förrlibuckstraße 66
CH-8005 Zürich

Umweltstiftung WWF-Deutschland
Stiftung für die Gestaltung und den Schutz der natürlichen Umwelt
Bockenheimer Anlage 38
D-6000 Frankfurt am Main 1

6. Auflage: 66. bis 75. Tausend
Copyright © 1980 by Wolfgang Krüger Verlag GmbH, Frankfurt am Main
Nachdruck, auch auszugsweise, nur mit Genehmigung des Verlages
Lektorat: Bruno Back
Umschlagentwurf: Wolfgang Dohmen (Foto von Franz Oberholzer)
Gestaltung: Hans-Heinrich Ruta
Lithographie: Rita Meyer, Frankfurt am Main
Satz: Weihrauch, Würzburg
Druck: Georg Appl, Wemding
Verarbeitung: G. Lachenmaier, Reutlingen
Printed in Germany, 1981
ISBN 3-8105-1803-4

Inhalt

7 Vorwort

9 Dank

11 Natur im Rückgang
Das Aussterben von Pflanzen- und Tierarten schreitet voran. Unsere Umwelt erleidet nicht wiedergutzumachende Schäden.

19 Gegenmaßnahmen
Das schweizerische Mittelland z.B. ist arm an ökologischen Ausgleichsflächen. Man sollte wenigstens im Siedlungsraum vermehrt solche Flächen schaffen.

25 Hecken und andere Gehölze
Hecken bilden das Rückgrat ökologischer Ausgleichsflächen. Auch nur in Fragmenten angelegt, vermögen sie den Tierbestand zu vergrößern. Das Anpflanzen einer gestalterisch befriedigenden Hecke ist sehr einfach.

35 Dauerwiese
Rasen und Kunstwiese zeigen wenig Leben. Mit Dauerwiesen gelingt es uns, viele Pflanzen- und Tierarten in den Siedlungsraum zurückzugewinnen.

43 Schlag
Der Schlag ist eine Lebensstätte mit besonders reichem Tier- und Pflanzenleben. Aber es braucht viel Aufwand, um ihn anzulegen. Er eignet sich für alle Standorte.

55 Naßstandorte
Etwa ein Drittel der Tiefebenen und Hügelländer Mitteleuropas zählte früher zu den Naßstandorten. Der Großteil davon wurde trockengelegt. Die Pflanzen- und Tierwelt erlitt dadurch hohe Verluste. Es ist ein Gebot der Stunde, neue Naßstandorte zu schaffen.

69 Pionierstandorte
Unbewachsene rohe Böden tragen in der Natur und im Siedlungsraum bald eine reichhaltige Flora. Auch ein Biotop mit Ackerunkräutern auf humusiertem Boden ist wertvoll. Beim Errichten von Bauten aller Art sollte vermehrt an die Natur gedacht werden.

79 Nutzgarten
Der biologische Anbau von Gemüse, Beeren und Obst ergänzt die naturnahe Bepflanzung. Auch der Nutzgarten kann zur ökologischen Ausgleichsfläche werden.

85 Die neue Einstellung
Nur wenn wir die Beiträge für den Umweltschutz kombinieren mit einer anderen Einstellung zur Natur, kann das Aussterben wild wachsender Pflanzen- und Tierarten überhaupt noch gebremst werden.

91 Erklärung von Fachausdrücken

93 Quellen

95 Curriculum vitae

Vorwort

Es ist paradox: Im Urlaub erbaut sich der Mitteleuropäer an verträumten Dörfchen in Griechenland oder auf Korsika, schwärmt vom unverfälschten Wildwuchs des Wegrandes, fotografiert begeistert zerfallenes, überwuchertes Gemäuer, Eidechsen und ungeordnete Blütenpracht. Zu Hause aber, im eigenen Garten, rückt er mit Richtschnur und Schneckengift der Natur zu Leibe. Hier kratzt er jedes Kräutlein aus den Fugen der Wegplatten. Was vom Gartenarchitekten nicht eingeplant oder der eigenen Vorstellung nicht gemäß ist, wird mit Hacke, Unkrautvertilgungsmitteln und Insektiziden vernichtet. Auf öffentlichem Grund sorgt der Staat mit noch größerer Akribie für »Ordnung«. Selbst die hartnäckigste Blattlaus im Rosenbeet läßt ihr Leben – und der letzte Marienkäfer mit ihr. Der geschleckte englische Rasen würde selbst einem herrschaftlichen Golfplatz noch Ehre machen. Und die aufgeschütteten Borde hinter den kahlen Betonmauern sind mit Bodenbedeckern, asiatischen oder südamerikanischen Kleinbüschen in regelmäßiger Langweiligkeit bestockt.
So bauen wir uns mit hochgezüchteten Blumen und exotischem Gesträuch aus dem Gartenbaukatalog eine Scheinnatur auf, als wär's eine Wohnungseinrichtung, und halten sie mit knechtischer Schufterei sauber. Dabei nützt die ganze säuberliche Anlage niemandem – sie stellt einzig den eigenen Hang zum Perfektionismus zufrieden. Sind die Gärten und Grünflächen unserer Siedlungsräume, so quadratisch, steril und wohlanständig sie sind, nicht ein Abbild unserer technophilen Lebenshaltung?
Im Grunde trifft dieses Buch eine in unseren Breitengraden verbreitete Erscheinung: Hektisches, neurotisches Getue. Mangelnde Besinnung führt aber schon im eigenen Garten zur Umweltzerstörung: Die Blattläuse, die Schnecken und das Unkraut – oft das letzte einheimische Gewächs in

unseren Gärten – haben wir mit viel Mühsal und Chemie ausgerottet. Dabei ist kaum aufgefallen, daß es auch um die Schmetterlinge geschehen ist und die Vögel verstummt sind. Man hat ihnen mit fremdländischen Zuchtpflanzen die natürliche Nahrung entzogen oder mit Gift den Garaus gemacht. Die Vielfalt ist unserer Sauberkeitsneurose zum Opfer gefallen.

Für unsere Siedlungsräume ist zu hoffen, daß möglichst viele Grundbesitzer und Behörden dem hier illustrierten Beispiel Folge leisten werden. Mit der nötigen Gelassenheit gegenüber dem Grün geht dann vielleicht dem Leser auf, daß es eine höhere, eine natürliche Ordnung gibt, die sich ohne unser Zutun ganz von selbst einstellt. Kaum haben wir uns an den Gedanken gewöhnt, daß Unkraut nur deshalb so hartnäckig zu vertreiben ist, weil es eben das standortgemäße Kraut ist, und kaum hat die Grünfläche, dem scheeläugigen Nachbarn zum Trotz, einen fortgeschrittenen Zustand der Verwilderung mit einheimischen Pflanzen erreicht, kommt auch schon das Leben zurück: Einfalt wird zur Vielfalt.

Dr. h.c. Horst Stern

Dank

Zahlreich sind die Helfer der Naturgarten-Idee; speziell danken kann ich nur wenigen. Im solothurnischen Kantonsrat haben Herr Paul Lüthy und Mitunterzeichner das entscheidende Postulat für die Schaffung von Naturgärten eingebracht. Die Herren Regierungsräte Dr. Hans Erzer und Dr. Alfred Wyser ermöglichten, daß Naturgärten auf öffentlichem Grund im Kanton Solothurn überhaupt entstehen konnten. Herr Dr. H. R. Meyer, Vorsteher des Amtes für Raumplanung in Solothurn, förderte die naturnahe Bepflanzung tatkräftig. Mein Kollege, Dr. Alex Oberholzer, hat den ersten Naturgarten in einer Schulanlage konsequent ausgeführt und durchgehalten, was Herr Rektor Dr. Peter Waldner wohlwollend duldete. Das vorliegende Manuskript wurde von den Herren Dr. Claude Martin, Dr. Alex Oberholzer, Dr. Hans C. Salzmann und Ernst Zimmerli sorgfältig durchgesehen und kritisch durchleuchtet. Der World Wildlife Fund und das Zentrum für Umwelterziehung in Zofingen verbreiten die Naturgarten-Idee aktiv und sehr wirksam. Allen möchte ich recht herzlich danken für die tatkräftige Unterstützung.

Urs Schwarz

Natur im Rückgang

Das Aussterben von Pflanzen- und Tierarten
schreitet voran.
Unsere Umwelt erleidet nicht wiedergutzumachende
Schäden.

Die starke Beeinflussung der Umwelt durch unsere moderne Technik ist jedermann wohlbekannt und wird in den Massenmedien heftig diskutiert. Wieviel Technik kann die Umwelt ertragen, ohne daß sie unwiederbringlich geschädigt wird? Über diese Frage herrscht keine Einigkeit. Was die einen noch tolerieren möchten, ist den andern bereits zuviel. Man postuliert tragbare Höchstbelastungen durch Giftstoffe in Millionstel-Anteilen. Es ist erstaunlich, daß in diesen Diskussionen das sicherste Kriterium für das Ausmaß der Umweltbelastung selten herangezogen wird: die Lebewesen. Nichts reagiert so offensichtlich wie diese. Schon minimale Veränderungen an den Lebensräumen verändern auch deren Gehalt an Pflanzen- und Tierarten. Ökosysteme befinden sich meistens in einem recht labilen Gleichgewichtszustand. Über die Veränderung von Flora und Fauna im Industriezeitalter gibt es nur wenige systematische Untersuchungen. Die für uns wichtigsten seien in den nachfolgenden Zeilen wiedergegeben:
Nach einer Arbeit von *H. U. Stauffer* über »Veränderungen in der Flora des Aargaus« sind um die Jahrhundertwende im Kanton Aargau (Schweiz) noch rund 1300 wildwachsende Pflanzenarten gezählt worden. 1960 waren davon 208 Arten verschwunden, 177 gefährdet und 250 in starkem Rückgang[1]. In Niedersachsen (Bundesrepublik Deutschland) galten im Jahr 1976 von 1847 wildwachsenden Farn- und Blütenpflanzen 687 Arten als verschollen oder gefährdet[2]. Diese Zahlen geben zu denken. Wenn das bisherige Ausmaß der Umweltbeeinflussung anhält, wird der Kanton

Aargau im laufenden Jahrhundert den Verlust von rund der Hälfte seiner wildwachsenden Pflanzenarten verbuchen müssen. Nach eigenen Beobachtungen sieht die Lage im schweizerischen Kanton Solothurn recht ähnlich aus. Die Zahlen dürften überhaupt für alle Regionen Mitteleuropas gelten. Was besonders beunruhigt, ist die Feststellung, daß das Ausrotten von wildwachsenden Pflanzenarten sich seit 1945 beschleunigt. Zwei Lebensgemeinschaften haben am meisten gelitten: Äcker und Naßstandorte. Eine Erklärung dafür kann leicht gefunden werden. Die moderne Landwirtschaft arbeitet mit reichlichen Mengen von Pflanzengiften (Herbiziden), dadurch sind aus blumenreichen, oft stark verunkrauteten Äckern Monokulturen geworden. Durch Trockenlegung fast aller Sümpfe wurde vielen Pflanzenarten die Lebensgrundlage entzogen. Unsere Flüsse sind weitgehend korrigiert. Wo sie früher in breiten Flußauen überschwemmten, ihren Lauf änderten, Material erodierten oder ablagerten, zwängen sie sich heute durch enge Kanäle. Die Umgebung wird vom Wasserlauf kaum mehr beeinflußt. Vorbei ist die Zeit für all die Pionierpflanzen auf extremen Rohböden und an Altwässern. Aber auch die Wiesen haben sich verändert. Aus artenreichen Dauer- und Magerwiesen sind kurzlebige, artenarme Kunstwiesen geworden. Die heute übliche massive Düngung läßt nur noch die Pflanzen der Fettwiese aufkommen. Unübersehbar ist auch die Verarmung an wildwachsenden Pflanzenarten im Siedlungsraum, der sich trotz zeitweiser wirtschaftlicher Rezession unaufhaltsam ausdehnt. Perfektion im Straßen- und Gartenbau läßt wenig Platz für spontanes Pflanzenleben. Die Fläche an Asphalt und Beton, das überbaute Gebiet, nimmt zu. Aber auch die verbleibenden Grünflächen werden durch unsere »Zivilisation« rücksichtslos in Besitz genommen. Statt mit standortgemäßen Pflanzengemeinschaften aus der Umgebung, werden Gärten und Anlagen fast ausschließlich mit Gewächsen bepflanzt, die aus anderen Landesgegenden oder aus

Standortfremde und exotische Gehölze täuschen eine Hecke vor. Diese Scheinhecke bietet einheimischen Tieren in der Regel keine Nahrung.

dem Ausland stammen. Wer wundert sich angesichts dessen, wenn *Stauffer* 635 wildwachsenden Pflanzenarten im Rückgang nur 41 Neueinwanderer entgegenzustellen hat? Diese neuen Pflanzenarten stammen überwiegend aus anderen Erdteilen und konnten sich bei uns nur unter den oft extremen Bedingungen auf Kultur- und Siedlungsland ausbreiten. In einheimischen Lebensgemeinschaften sind sie nur ausnahmsweise integriert.

Das Ausrotten von wildwachsenden Pflanzen hat schwere Folgen für die Tierwelt. Alle tierischen Nahrungsketten basieren auf Pflanzennahrung. Während viele Tiere eine große Anzahl Pflanzen als Nahrung annehmen, gibt es andere Tierarten, die sich auf wenige bestimmte Pflanzenarten beschränken. So lebt die Raupe eines verbreiteten Tagfalters, des Kleinen Eisvogels, nur auf zwei Arten der Gattung Geißblatt, die Raupe des Kleinen Fuchsfalters einzig auf der Brennessel, die Raupe des Tagpfauenauges auf Brennessel und Wildem Hopfen. Solche Beispiele

Auf einer Baumscheibe inmitten von Asphalt hält sich eine bescheidene Lebensgemeinschaft. Es blühen Löwenzahn und Hirtentäschchen. Die kleine Grünfläche unter dem Baum behindert des städtische Leben keineswegs.

könnten sich für die verschiedensten Tierarten finden lassen. Aber auch innerhalb der tierischen Nahrungsketten gibt es viele Vertreter, die nur eine beschränkte Zahl anderer Tierarten als Nahrung annehmen. So hält sich der Haubentaucher überwiegend an Fische. Schmarotzerhummeln können nur aufkommen, wenn ihre Wirtshummelarten noch vorhanden sind. Und der Kuckuck frißt vorwiegend Raupen mit starker Behaarung, die von vielen andern Vögeln verschmäht werden.

Der Verlust von Pflanzenarten bedingt notgedrungen auch den Verlust von Tierarten. So wurde auf der Reinacher Heide bei Basel zwischen 1920 und 1960 ein Rückgang von am Tag fliegenden Schmetterlingsarten von 37 auf 15 festgestellt. Von diesen 15 Schmetterlingsarten sind weitere 7 gefährdet; nur noch 8 können als wirklich verbreitet bezeichnet werden[3]. Von den 95 Tagfalterarten, die in der Gemeinde Weinfelden 1913 vorkamen, waren im Jahre 1972 65 Arten ausgerottet[4]. Man mag einwenden, daß

Die Stadtverwaltung läßt die Lebensgemeinschaft mit Herbizid abtöten. Ein falscher Ordnungssinn, der Gift einem Rest von Natur vorzieht.

solche Beispiele zufällig auf starken Veränderungen der lokalen Verhältnisse beruhen. Eine *Veröffentlichung des Bayerischen Umweltschutzministeriums* belehrt uns eines Besseren: Von 75 Säugetierarten sind 10 gefährdet, von 201 einheimischen Vogelarten 108, von 10 Reptilienarten schweben 7 in Gefahr, von 18 Lurcharten 10, und schließlich sind von 58 Fischarten 29 in ihrem Bestand bedroht[5]. Daß viele dieser Arten nicht nur im Bundesland Bayern am Aussterben oder doch im starken Rückgang sind, belegt eine Studie des Europarates. Danach sind in ihrem gesamten Verbreitungsgebiet 30% der Amphibien- und 45% der Reptilienarten direkt von der Ausrottung bedroht[6].
In das hier entworfene Bild paßt auch die »Rote Liste« von *Bruderer* und *Thönen*. Danach zählte die Schweiz im Jahre 1870 190 Brutvogelarten. 83 davon sind jetzt ausgestorben oder in ihrem Fortbestand bedroht[7]. In der Bundesrepublik Deutschland gelten 44% der Brutvogelarten als verschollen oder gefährdet[8].

Seite 17
Die Brennessel wird oft mit Pflanzengift bekämpft. Auf der Brennessel leben aber die Raupen von Tagpfauenauge (abgebildet), Admiral und Fuchsfalter. Wer Brennesseln ausrottet, rottet auch diese prachtvollen Tagfalter aus.

Eigentlich bestätigen diese Zahlen nur, was jeder einigermaßen bejahrte Leser aus eigener Anschauung weiß. Wer erinnert sich nicht an eine Mauer mit Eidechsen, an Tümpel mit Amphibien, an unabsehbare Schwärme von Zugvögeln am herbstlichen Himmel, einen Weiher mit Ringelnattern, eine blumige Wiese mit Schmetterlingen, einen Abendhimmel voller Schwalben, die nach Insekten jagen, an ein Feldgrillenkonzert auf der Heuwiese, ein Froschkonzert am lauen Sommerabend? Finden wir das noch am alten Ort? Unsere Umwelt ist geschädigt. Lassen sich die Schäden noch beheben? Ausgerottete Arten sind meist endgültig verloren. Je mehr Arten aussterben, desto größer wird auch die Wahrscheinlichkeit, daß weitere Arten aussterben, so lange, bis nur noch eine langweilige und verarmte Lebensgemeinschaft von wenigen Allerweltsarten übrigbleibt. Dies ergibt sich durch die gegenseitige Abhängigkeit der Lebewesen in den reich verzweigten und netzartig verflochtenen Nahrungsketten. Die Zusammenhänge sind äußerst komplex. So ist der Großteil der Pflanzenarten auf Bestäubung durch Tiere – bei uns meist Insekten – angewiesen. Zugleich sind Nektar und Blütenstaub die einzige Nahrung vieler Insekten. Andere Pflanzen wiederum sind darauf angewiesen, daß ihre Samen und Früchte durch Tiere (z. B. Vögel, Säuger, Ameisen) verbreitet werden. Für die gleichen Tiere bilden diese Früchte einen wichtigen Bestandteil der Nahrung. Allein von derartigen Zusammenhängen aus gesehen scheint es wahrscheinlich, daß in den Listen der ausgestorbenen Pflanzen- und Tierarten noch lange nicht alle Einträge gemacht sind. Von nicht wiedergutzumachenden Schäden am wesentlichsten Bestandteil unserer Umwelt – den Lebewesen – zu sprechen, ist also keineswegs übertrieben.

Gegenmaßnahmen

Das schweizerische Mittelland z. B. ist arm an ökologischen Ausgleichsflächen.
Man sollte wenigstens im Siedlungsraum vermehrt solche Flächen schaffen.

Im Kanton Aargau sind rund 1300 wildwachsende Pflanzenarten heimisch. Eine ähnliche Zahl dürfte – etwas variiert durch Größe und Vielgestaltigkeit der Landschaft – auch in den andern schweizerischen Kantonen und deutschen Bundesländern zu finden sein. Von allen Höhenstufen ist die kolline (im schweizerischen Mittelland bis 600 m) besonders artenreich. Zur kollinen Stufe gehört der Großteil des Schweizer Mittellandes. Wer es durchwandert, kann sich ein Bild von der Häufigkeit und Verteilung artenarmer und artenreicher Standorte machen. Ausgesprochen artenarm sind das intensiv genutzte Landwirtschaftsland und der Siedlungsraum. In beiden Fällen tragen die meisten Grünflächen nur eine beschränkte Zahl von wildwachsenden Kräutern. Artenreiche Lebensgemeinschaften finden wir nur dort, wo der Mensch aus irgendeinem Grunde nicht intensiv bewirtschaften kann oder will. Das sind Dauerweide und Dauerwiese, Feld- und Ufergehölz, Sumpf, Tümpel, Weiher, Ufer, Waldrand, Steilhang, Rutschgebiet, Bord, Restflächen zwischen Verkehrsanlagen, Straßenrand, Damm, Lagerplatz, Mauerfuß, Hausplatz usw. Mit der »*Gruppe Oekologie*« wollen wir diese Flächen als ökologische Ausgleichsflächen bezeichnen[9]. Es ist wohl kaum übertrieben, wenn man annimmt, daß darauf ein großer Teil der außerhalb des Waldes wildwachsenden Pflanzenarten zu finden ist, vielleicht um 70–80%. Tiere sind etwas mobiler; doch dürfte etwa ein gleich hoher Prozentsatz von wildlebenden Tierarten auf Unterschlupfe, Brutstätten und Nahrungsräume in ökologischen Ausgleichsflächen angewiesen

Seite 21
In den Gebirgen gibt es noch viele ökologische Ausgleichsflächen mit artenreichen Lebensgemeinschaften. Kulturland erkennt man im Mittelgrund. Die Aufnahme stammt aus dem Wallis (Schweizer Alpen).

sein. Über den Anteil solcher Flächen im intensiv genutzten Landwirtschafts- und Siedlungsraum gibt es meines Wissens keine Untersuchungen. Es dürfte sich ungefähr um 1–10% der waldfreien Fläche handeln. Jeder Leser weiß von Beispielen, wo ökologische Ausgleichsflächen verschwanden, aber kaum von solchen, wo neue entstanden sind. Wer erinnert sich nicht an eine jetzt zugeschüttete und rekultivierte Grube, einen zugeschütteten Teich, einen verwilderten Lagerplatz, der jetzt asphaltiert ist, an ein verschwundenes Feldgehölz, ein jetzt eingedoltes Bächlein, eine überbaute Magerwiese am Steilhang, eine Naturstraße mit blumenreichem Randbewuchs, jetzt perfekt asphaltiert?

Bis heute zeigt sich keine Möglichkeit, den Bestand an ökologischen Ausgleichsflächen im intensiv genutzten Landwirtschafts- und Siedlungsraum zu erhalten. Das Aussterben von wildlebenden Pflanzen- und Tierarten wird sich fortsetzen. Es wäre allerdings ungerecht, in diesem Zusammenhang die Verdienste des Naturschutzes unerwähnt zu lassen. Sein Bemühen konzentriert sich meist auf größere Flächen, die schwach genutzt sind und oft auch seltene Pflanzen- und Tierarten enthalten. Zu oft sind aber an der Erschließung gerade solchen Landes bedeutende wirtschaftliche Mächte interessiert. Der Naturschutzgedanke wird dann notgedrungen unterliegen. Nur wenn man das Aussterben und den Rückgang von wildlebenden Pflanzen- und Tierarten in Rechnung stellt, kann man wirklich ermessen, in welchem Grad dem Naturschutz der Erfolg versagt geblieben ist. *Daß ohne die Bemühungen der Naturschützer wahrscheinlich noch mehr Arten ausgestorben wären, tröstet wenig. Daraus kann nur eine Lehre gezogen werden: die Bestrebungen des Natur- und Landschaftsschutzes sind zu verstärken. Doch das ist leichter gesagt als getan. Heute muß dem erhaltenden ein gestaltender Naturschutz zur Seite gestellt werden.* Gibt es nicht zahllose Flächen im Siedlungsraum, die ohne wirtschaftlichen

In den landwirtschaftlich intensiv genutzten Gegenden Mitteleuropas konnten sich ökologische Ausgleichsflächen nur noch an schwer bebaubaren Stellen halten.

Schaden für den Besitzer jederzeit in ökologische Ausgleichsflächen überführt werden könnten? *Warum nicht Wiese statt Rasen, einheimische Gehölze aus der Gegend statt Holzpflanzen aus Übersee, ein naturnaher Weiher statt einem Kunststoff- oder Betonbecken, ein pflanzenfreundlicher Belag auf Wegen und Plätzen statt Asphalt, eine Magerwiese am Bord statt Bodenbedeckern aus andern Erdteilen?* Gartenpflanzen aus anderen klimatischen Gegenden, aus anderen Ländern Europas und aus Übersee können kaum Basis für Nahrungsketten der einheimischen Tierwelt sein. Wenn doch der Gartenbau vermehrt lernen würde, mit den rund 1300 wildwachsenden Pflanzenarten der einzelnen Kantone bzw. Bundesländer etwas anzufangen! Wenn man, statt fremdem Pflanzengut immer mehr Platz einzuräumen, zu den alten, in unserer Kulturlandschaft seit Jahrtausenden heimischen Lebensgemeinschaften zurückkehren könnte! Wie sehr wäre der Natur gedient, wie viel einfacher wäre der Unterhalt und wie viel

Geld ließe sich schließlich damit sparen. Und unsere Jugend würde wieder lernen, Gesetzmäßigkeit und Ordnung in der Natur zu beachten, statt mit sterilen Gartenpflanzen, die rein nach sogenannt ästhetischen Gesichtspunkten angeordnet werden, ein falsches Gefühl für Ordnung und Sauberkeit eingeimpft zu bekommen. Jedem Landbesitzer steht frei, schon heute mit einer naturnahen Bepflanzung seines Grundstückes zu beginnen.

Hecken und andere Gehölze

Hecken bilden das Rückgrat ökologischer
Ausgleichsflächen.
Auch nur in Fragmenten angelegt, vermögen sie
den Tierbestand zu vergrößern.
Das Anpflanzen einer gestalterisch befriedigenden Hecke
ist sehr einfach.

Hecken eignen sich zur Betonung von Grundstücksgrenzen
und zur Unterteilung von größeren Grünflächen. Ebenso
lassen sich mit Hecken geschützte Plätze anlegen, von
welchen aus man unter Umständen kaum mehr wahrnimmt,
daß man sich inmitten eines Siedlungsgebietes befindet.
Wieviel Raum braucht eine Hecke? Günstig ist ein Band
von einigen Metern Breite. Aber auch kleinste Flächen von
nur 50 cm Breite und wenigen Metern Länge sind durchaus geeignet.
Der biologische Wert von Hecken ist unbestritten und
schon mancherorts beschrieben worden. Am Blattwerk
der Büsche nagt oder saugt eine große Zahl von Insekten.
Viele Gehölze werden zur Zeit der Blüte ebenfalls von
Insekten besucht. Die Früchte dienen Vögeln und Kleinsäugern als Nahrung. Besonders im Dorngesträuch nisten
viele Vögel. Wie viele, nimmt man erst wahr, wenn im
Herbst das Laub gefallen ist und die verlassenen Nester
sichtbar werden. Selbst Miniaturhecken lassen den Vogelbestand eines Grundstückes rasch ansteigen. In Hecken
verstecken sich Kleinsäuger wie Igel, Waldmaus und Spitzmausarten. Faulendes Laub und Holz beherbergen eine
reiche Kleintierwelt. Vor allem Gliederfüßer, Kröten,
Frösche und Blindschleichen halten sich darin auf, vielleicht
sogar ein Hermelin. Im Winterhalbjahr werden Hecken

Seite 27
Die Hecke spendet vielerlei Nahrung für einheimische Tiere. Vögel fressen die roten Früchte des Weißdorns und sorgen mit ihrem Kot dafür, daß der Strauch verbreitet wird.

Auch diese geschnittene Hecke bietet Unterschlupf und Nistgelegenheit.

In solchen Haufen pflanzlicher Abfälle suchen viele Kleintiere Schutz und Nahrung. Man findet darin Würmer, Asseln, Laufkäfer, Bergmolch und Blindschleiche. Faulendes Holz und Laub ist nicht unordentlich. Verwesung schließt den Kreislauf der Nährstoffe in der Natur.

Neuntöter auf abgestorbenem Gehölz. Der Vogel wird in fast allen Roten Listen aufgeführt.

Eine geometrisch gestutzte Hecke ist immer noch besser als gar keine Hecke.

von Meise, Star, Erlenzeisig und Drossel durchzogen, die immer etwas Eßbares finden. Hecken sind ökologische Ausgleichsflächen im wahrsten Sinne des Wortes.

Hecken können auf allen Böden, auch Rohböden, gepflanzt werden. Ebene und geneigte Flächen in allen Expositionen sind dazu gleichermaßen geeignet. Zwar sind die meisten Holzpflanzen über ganz Mitteleuropa verbreitet, doch vereinen sich je nach Klima und Boden in verschiedenen Gegenden immer wieder andere Arten zur Hecke. Es sei deshalb darauf verzichtet, bestimmte Gehölzkombinationen zu empfehlen. Wer die Pflanzen kennt, notiert am besten die Zusammensetzung von Hecken in der näheren Umgebung. In einer Forstbaumschule kann dann das Pflanzmaterial bestellt werden. Man achte darauf, die gewählten Arten kunterbunt zu mischen. Auch in der Natur sind die Sträucher nicht nach Arten geordnet. Zum Pflanzen eignen sich alle nicht gar zu kalten Tage in der laubfreien Zeit des Winterhalbjahres. Wer mit der Natur etwas vertraut ist, kann auch ohne Artenkenntnis eine Hecke selber anlegen. Bei den zuständigen Forstorganen suche man um die Bewilligung nach, die benötigten Holzpflanzen selber zu holen. Gepflanzt wird am besten in Abständen von etwa 50 cm. Je nach Breite der zur Verfügung stehenden Fläche kann man ein- bis mehrreihig pflanzen. In der Linienführung lasse man sich durch das Gefühl leiten. Wo wenig Platz ist, bleibt oft nichts anderes übrig als eine geometrische Anordnung. Das ist immer noch wertvoller als gar keine Hecke. Wer sich die Gehölze mit Erlaubnis des zuständigen Försters in der Natur selber beschafft, soll 50–120 cm hohe Jungpflanzen wählen. Wer in der Baumschule einheimische Forstware bestellt, kann auch größere Exemplare kaufen. Diese sind allerdings teurer. Größere Pflanzen stellen am Anfang wohl etwas mehr vor, bleiben dann aber oft im Wachstum zurück. Wer eine Hecke anlegt, soll sich Gedanken machen über ihr mögliches Aussehen in einem Jahrzehnt. Ist viel Platz vorhanden, kann man

Ein Sportrasen wird in einen naturnahen Garten umgewandelt. Als Umrandung des Rasens haben Schüler eine Hecke aus einheimischen Sträuchern gepflanzt. Von jetzt an wird im Bereich der Gehölze nicht mehr gemäht. Lehrerseminar Solothurn (Schweiz).

Drei Jahre später. Die Hecke ist rasch gewachsen. Den Rasen mäht man nach Bedarf; aber auf Kunstdünger und Gift wird verzichtet. Kriechender Hahnenfuß und Gänseblumen blühen jetzt im Rasen.

Eine vor 12 Jahren gepflanzte Hecke im Garten des Autors. Unterwuchs und Gesträuch haben sich zu einem bergenden Dickicht vereint.

Die gleiche zwölfjährige Hecke. Sie bietet Tieren nicht nur Unterschlupf sondern auch Nahrung während des ganzen Jahres (Knospen, Nektar, Pollen, Laub, Holz, Früchte).

Der Aushub beim Bau einer Schule in Zofingen (Schweiz) wurde zu bleibenden Hügeln geschüttet, die mit Gehölz, Schlag und Wiese bepflanzt sind. Damit entsteht eine ansprechende Gliederung des Schulareals.

ruhig im Mittelstreifen da und dort einen Baum pflanzen. Auch die Sträucher sollen so angeordnet werden, daß in der Mitte diejenigen Arten stehen, die etwas höher werden. Die kleineren Sträucher können als Mantel für den Abschluß gegen außen wirken. Ist wenig Platz vorhanden, sind kleine Straucharten besser geeignet als Bäume oder große Sträucher. In allen Fällen achte man darauf, daß grundsätzlich nur Holzpflanzen verwendet werden, die in der Gegend an ähnlichen Stellen wild wachsen, wie wir sie für die Anlage der Hecke vorgesehen haben.
Wie muß die neu angepflanzte Hecke gepflegt werden? Als Grundsatz gilt, daß unter Gehölzen der Boden nicht bearbeitet werden soll. Wird der Spitzentrieb der frisch gepflanzten Ware durch gar zu üppig wuchernde Krautpflanzen beschattet, genügt es, diese soweit niederzutrampeln, bis der Spitzentrieb der Gehölze wieder in vollem Licht steht. Diese bescheidene Arbeit muß unter Umständen im Laufe des Sommers und vielleicht auch im

Auch mit einheimischem standortgemäßem Gehölz kann man Parkplätze beschatten, gliedern oder abtrennen. Man erkennt Silberweide, Roten Holunder, Gewöhnlichen Schneeball und Weißdorn.

folgenden Jahr wiederholt werden. Später werden sich die Holzpflanzen von selber durchsetzen. Im übrigen ist der Krautwuchs innerhalb der Hecke wichtig als erstes Niemandsland für allerlei Getier, das sich hier ungestört entfalten kann. Die ökologische Ausgleichsfläche beginnt zu funktionieren.

Im Laufe der Jahre wachsen die Gehölze, schließen sich dichter zusammen, beginnen in gegenseitige Konkurrenz zu treten und beschatten den Boden immer stärker. Allmählich bleibt der anfänglich so üppige Unterwuchs im Wachstum zurück und stirbt ab. Nur am Rande der Hecke vermag er sich zu halten. Laubstreu bedeckt den jetzt kahlen Boden. Es wird Zeit, einen neuen Unterwuchs zu beschaffen, der die Beschattung erträgt. Er kann nur aus Waldpflanzen bestehen. An ähnlichen Stellen im Wald – man achte auf Hangneigung, Bodenfeuchtigkeit, Bodenart, Exposition usw. – können nun Samen und Früchte von Waldpflanzen gesammelt und in der Hecke ausgestreut

Der natürliche Unterwuchs in Gehölzen setzt sich aus Waldpflanzen zusammen. Diese brauchen keine Pflege. Holz und Laub läßt man liegen, damit der Boden an Nährstoffen nicht verarmt. Schlüsselblume, Buschwindröschen und Lerchensporn blühen im Frühling.

Waldunterwuchs mit blühendem Aronstab.

werden. Oder man gräbt pro Art etwa fünf Exemplare von passenden Waldkräutern aus und verpflanzt sie an schattige Stellen der Hecke. Hat man Erfolg, war die Artenwahl richtig. Bei Mißerfolg war sie falsch, und die gleiche Art soll nicht nochmals geholt werden. Wer Geduld hat, kann auch einfach abwarten. Im Laufe der Jahre und Jahrzehnte werden sich die geeigneten Schattenpflanzen von selber einstellen. Wer das nicht glaubt, kann sich jederzeit in abgelegenen Winkeln von alten Gärten davon überzeugen lassen. Die Natur rechnet in großen Zeiträumen.
In vielen Fällen wird das angelegte Gehölz an eine Wiese oder einen Rasen grenzen. Soll sich die Lebensgemeinschaft einer Hecke voll entfalten können, sollte weder mit der Maschine noch mit der Sense näher als bis 50 cm an den Rand des Gehölzes gemäht werden. Der belichtete Saum der Hecke ist besonders wichtig für die Lebensgemeinschaft. Selbstverständlich wird auch darauf verzichtet, Laub oder Dürrholz aus der Hecke zu entfernen. Der Kreis-

lauf der Nährstoffe, Wachstum und Verwesung, sollte nicht unterbrochen werden.

Jedes Gehölz hat das Bestreben, sich auszubreiten. Schließlich war Mitteleuropa von Natur aus weitgehend bewaldet. Am Rand werden weitere Holzpflanzen keimen oder aus Wurzelbrut hervorgehen. Auch inmitten einer Hecke können Samen und Früchte von entfernt stehenden Bäumen keimen, unbemerkt heranwachsen und dann plötzlich aus der Hecke herausragen. Früher oder später muß deshalb die Pflege einsetzen. Man darf hier nicht zimperlich vorgehen. Man lerne bei den Bauern, die vor dem Ausbruch des Meliorationsperfektionismus ihre Hecken und Feldgehölze im Griff hatten, ohne sie zu gefährden. Man kann abschnittweise »auf den Stock setzen«, d.h. bis auf Bodennähe zurückschneiden. Man kann aber auch auslichten oder bei beschränktem Raum die Höhe, eine oder beide Seiten oder alles zusammen nach der Richtschnur begrenzen. Eine geometrisch gestutzte Hecke ist immer noch besser als gar keine. Sie bietet auch in diesem Zustand Nistgelegenheit und Unterschlupf, erfüllt also auch so ihre Aufgabe als ökologische Ausgleichsfläche. Überall da, wo kein Bedarf an Brennholz besteht, sollte das abgeschnittene Holz in der Hecke selber untergebracht werden. Dort wird es schnell verfaulen und dabei wichtige Aufgaben erfüllen. Zuerst verstärkt es die Unzugänglichkeit. Die Eignung der Hecke als Versteck und Brutstätte nimmt zu. Später, wenn die Fäulnis überhand nimmt, kann ein großer Kleintierbestand heranwachsen, da genug Futter für Spitzmäuse, Igel, Vögel usw. vorhanden ist. Wer genügend Platz hat, kann auch Holz außerhalb der Hecke an Haufen verfallen lassen. Moralische Bedenken, der Nachbar könnte uns angesichts des faulenden Holzes für unordentlich halten, werfen wir ruhig über Bord. Wir wissen es besser. Unser Vorgehen entspricht den Gesetzen der Natur. Lassen wir uns doch nicht durch einen falschen Ordnungssinn blenden. Den Gesetzen der Natur entsprechen, kann nicht

Einzelsträucher können den Tieren keinen Unterschlupf bieten. Auch werden die Stämmchen beim Schneiden des Rasens oft verletzt und sterben ab. Gehölze sollten dichter gepflanzt werden, dann kann man auf das Mähen verzichten.

Die frisch gepflanzte Hecke braucht kaum Pflege. Nur wenn der Gipfeltrieb der Gehölze beschattet wird, muß man Gras oder Kräuter gezielt niedertreten. Ganz im Vordergrund und im Hintergrund Rasen. Mäuse hausen oft im dürren Gras. Dieses fressen sie lieber als die Rinde der Sträucher.

Gehölzgruppe bei einem Schulhaus. Viele Waldkräuter blühen vor oder während des Austriebs von Laub. Hier dominiert das Hain-Schaumkraut.

Naturnahe Lebensgemeinschaften bleiben auch bei sehr wenig Pflege im Gleichgewicht. Schulanlage in Zofingen (Schweiz).

unordentlich sein. Und wer weiß, mit der Zeit empfinden wir faulendes Holz und Laub gar als ästhetische Bereicherung, als malerische Beigabe unserer Grünfläche. Wer nicht genügend Platz zur Anlage einer Hecke hat, oder aus gestalterischen Gründen keine Hecke wünscht, kann Gehölz auch anders anordnen. Sehr wertvoll ist beispielsweise eine Gehölzgruppe. Dabei kann es sich um eine dichtgepflanzte Strauchgruppe von nur einem oder wenigen Metern Durchmesser handeln. Auch da mischen wir die geeigneten Holzarten möglichst bunt. Stehen größere Flächen zur Verfügung, kann man in ihrer Mitte auch Bäume pflanzen. In jedem Fall aber erfordern diese Gehölzgruppen nicht mehr Pflege als die Hecken. Und es sei verraten, daß wenn man den Mut hat, organische Küchenabfälle aller Art oder Lesesteine in das Gehölz zu werfen, dessen Wert als Hort von Lebewesen noch zunimmt. Hecken und Feldgehölze haben den Bauern immer als Ablageplatz für pflanzliche Abfälle gedient.

Dauerwiese

Rasen und Kunstwiese zeigen wenig Leben.
Mit Dauerwiesen gelingt es uns, viele Pflanzen- und Tierarten
in den Siedlungsraum zurückzugewinnen.

Im intensiv genutzten Landwirtschaftsgebiet des Flachlandes sind Dauerwiesen nicht mehr häufig. Sie wurden verdrängt durch artenarme Kunstwiesen, die nach wenigen Jahren wieder durch Ackerbau abgelöst werden; denn Kunstwiesen sind eingeplant in einen ertragreichen Fruchtwechsel. Wo Dauerwiesen noch bestehen, wurden sie durch starke Düngung im Artengehalt mehr oder weniger vereinheitlicht. Wenige Fettwiesenpflanzen und ein entsprechend spärlicher Tierbestand sind das Resultat.
Im Siedlungsraum gibt es kaum mehr Dauerwiesen. An ihre Stelle ist der intensiv gepflegte Rasen mit seinem besonders armseligen Artenbestand getreten. Amstel, Haussperling und Kohlmeise als Kulturfolger haben eine vielfältige Vogelwelt abgelöst. Wie sehr das Gleichgewicht in unseren Siedlungen gestört ist, zeigt auch das Überhandnehmen der Nacktschnecken. Jahrzehnte intensiver Anwendung von Schnecken- und Insektengiften haben die natürlichen Nahrungsketten – oder vielleicht besser Nahrungsnetze – so verändert, daß eine extrem einseitige Begünstigung der Nacktschnecke eintrat. Ihre Feinde: Laufkäferarten, Erdkröte, Igel, Blindschleiche, Spitzmäuse und andere Tiere können sich nicht mehr in genügender Zahl halten. In Gärten, in denen man vor 50 Jahren die Schneckenplage noch nicht gekannt hat, kapitulieren heute die Besitzer und greifen – oft sogar gegen ihre Überzeugung – zum Schneckengift. Damit wird das Ungleichgewicht allerdings nur noch verstärkt. *Jeder Eingriff in das ökologische Gefüge ruft nach immer zahlreicheren und schwereren Eingriffen, bis zuletzt nur noch wenige Schädlingsarten mit*

Bei der intensiven Pflege dieses Rasens werden Gift und Kunstdünger eingesetzt. Das Resultat ist eine artenarme Gräsergemeinschaft.

Dieser Rasen ist einfach zu pflegen: er wird nach Bedarf gemäht. Kunstdünger und Gift haben hier nichts zu suchen. Gänseblümchen, Gundelrebe, Ehrenpreis und Hahnenfuß laden Insekten zum Blütenbesuch ein.

einem ungeheuren Vermehrungsvermögen übrigbleiben. Statt eines ersten Gliedes in der langen Nahrungskette wurde der Schädling Endglied einer kurzen Restkette. Sein einziger Feind ist der giftspritzende Mensch, der nicht nachläßt, bis das spontane Leben im Siedlungsraum fast ganz erlischt.

Als Alternative zum Rasen bietet sich die Dauerwiese an. Da Mitteleuropa von Natur aus ein Waldland ist, muß jede Dauerwiese gemäht werden, wenn sie mit der Zeit nicht verbuschen soll. An Dauerwiesen gibt es zahlreiche Möglichkeiten und jede ist in ihrer Art wertvoll. Soll sie als Liege- oder Spielwiese dienen, ist es vorteilhaft, sie je nach Bedarf einige Male pro Jahr zu mähen. Das Gemähte wird abgeführt, damit sich der Nährstoffgehalt allmählich verringert. Nach etwa einem Jahrzehnt entwickelt sich eine blumenreiche, nur noch langsam wachsende Wiese. Ihr Artengehalt ist zwar beschränkt, aber gut an die gewählte Pflege angepaßt. Artenreicher und deshalb wertvoller ist

Karge Böden an sonnigen Hängen eignen sich am besten für artenreiche Magerwiesen. An diesem steinigen Wegrand blühen Hornklee, Wicke und Wucherblume.

eine Magerwiese, die nur einmal im Jahr, und zwar im Monat Juli, dem Heumonat, gemäht wird. In Berglagen kann das Mähen sogar in den August verlegt werden. Während Jahrhunderten wurden Wiesen so als Allmende genutzt. Die Zahl der Arten, die einen Schnitt pro Jahr erträgt, ist beträchtlich.

In Schattenlagen, an Hängen oder am Hangfuß, wo Sickerwasser einströmt, kann sich oft keine Magerwiese ausbilden. Durch den Wasserfluß werden fortwährend Nährstoffe eingeschwemmt. Eine nährstoffreiche Fettwiese ist das Resultat. Sie sollte zwei- oder dreimal pro Jahr geschnitten werden. Das Gemähte ist ebenfalls wegzuschaffen. Eine Dauerwiese mit Obstbäumen darf nicht in Richtung Magerwiese gepflegt werden. Obstbäume verlangen nährstoffreiche Böden. Zu empfehlen sind 2–3 Schnitte pro Jahr. Das Gemähte kann liegengelassen werden. Auf die Dauer dürfte sogar gelegentliche Düngung mit Mist oder Jauche vorteilhaft sein.

Seite 39
Mit solchen exotischen Bodenbedeckern wird der einheimischen Natur innerhalb der Siedlungen der Lebensraum entzogen.

Wiese mit Kriechendem Günsel. Jede einheimische Pflanze hat ihre eigene Schönheit.

Je weniger eine Wiese gemäht wird, desto größer ist die Wahrscheinlichkeit, daß Raupen an Gräsern ihre Entwicklung zu beenden vermögen. Man erkennt einen Dickkopffalter, dessen Raupe auf verschiedenen Gräsern lebt.

Das Randbeet vor dem Schulhaus beherbergt eine Wiese mit blühendem Pippau. Wiesen sind pflegeleicht und bieten für die Natur und unser Auge wesentlich mehr als eine exotische Monokultur.

Eine auf humusarmem Brachland spontan entstandene Wiese in voller Blüte. Man erkennt Möhre, Pastinak, Gemeinen Löwenzahn und Gemeine Flockenblume.

Die Anlage einer Dauerwiese ist nicht einfach. Saatgut, das auf die verschiedenen Klimate, Böden, Höhenlagen, auf Exposition und eventuelles Hangwasser Rücksicht nimmt, ist nicht erhältlich. Das Sortiment würde zu umfangreich. Und wer wäre in der Lage, die mutmaßliche Zusammensetzung der Wiesenflora auf lange Sicht vorauszusagen? Als Behelf können die folgenden beiden Verfahren empfohlen werden.

Nach dem ersten Verfahren überläßt man die für die Dauerwiese vorgesehene Fläche ganz einfach ihrem Schicksal. Das ist eine uralte Methode der Bauern, um von Ackerland über Brachland wieder zu einer Dauerwiese zu kommen. Früher hatten die Menschen noch mehr Zeit. Heute ist diese Methode für unsichere Landbesitzer eine Nervenbelastung. Im Zeitalter des Perfektionismus sollte die Dauerwiese spätestens nach vier Wochen vollendet dastehen. In Wirklichkeit aber vergehen bis zur Stabilisierung des Artengehaltes zehn oder mehr Jahre. Auf der vorgesehenen Fläche wachsen nämlich zuerst einjährige Ackerunkräuter. Doch bereits im zweiten Jahr folgen die ersten Wiesengräser. Jetzt kann man mit dem Schnitt beginnen. Ideal wäre die Sense. Für rasenähnliche Lösungen mag auch ein hochgestellter Rasenmäher dienen. Wer dieses erste Verfahren konsequent anwendet, wird auf die Dauer Erfolg haben.

Nach dem zweiten Verfahren greift man zu Saatgut. Empfohlen seien Mischungen, wie sie entlang von Autobahnen gebraucht werden. Sehr locker gesät, sprießt aus diesem Saatgut eine Initialvegetation, die sich dann unter der richtigen Pflege allmählich verändert wie beim ersten Verfahren.

Bei beiden Methoden kann man zusätzlich etwas unternehmen, um einen größeren Artenreichtum zu bekommen. Kleine Flächen, unter einem Quadratmeter, werden als Saatbeet bereitgestellt. Vorher gesammelte Samen und Früchte können darauf gesät werden. Doch nur, wenn man

Sogar ein blühendes Gras ist nicht ohne Reiz (Französisches Raygras).

Blühender Wasserdost mit einem Kuhauge. Seine Raupe ernährt sich von mehreren Grasarten.

die richtigen Samen und Früchte ausgewählt hat, winkt der Erfolg. Die neuen Arten breiten sich dann vom Saatbeet auf die Dauerwiese aus. Richtig gewählte Arten sind an ihrem ursprünglichen Standort unter den genau gleichen Bedingungen gewachsen, wie wir sie auf unserem Grundstück antreffen. Erfolglos gebliebene Versuche sollte man nicht wiederholen.

Die Vorbereitung des Bodens zur Anlage einer Dauerwiese ist wichtig. Wenn in Richtung Magerwiese gearbeitet werden soll, genügt eine bescheidene Humusierung von 5–10 cm. Humus ist gegenwärtig meistens überdüngt. Je dicker wir die Humusschicht bemessen, desto üppiger wird das Wachstum ausfallen. Nur durch geduldiges Mähen und Abführen des Gemähten während vieler Jahre kann der Nährstoffgehalt allmählich reduziert werden. Je gesteinsreicher und humusärmer der Boden ist, desto weniger schnell wächst die Dauerwiese und desto größer ist ihr Reichtum an Blumen.

Eine Dauerwiese begünstigt viele wildlebenden Pflanzen- und Tierarten. Je nach Lage resultieren feuchtere oder trockenere, fettere oder magerere Varianten. Je mehr verschiedene Lebensräume der Natur zur Besiedlung angeboten werden, desto vielfältiger fallen auch die darin vorkommenden Lebensgemeinschaften aus. So beherbergt beispielsweise der gepflegte Rasen fast keine Raupen. Viele unserer weit verbreiteten Tagfalter benötigen Gras als obligatorisches Raupenfutter. Durch das häufige Mähen sowohl beim intensiven Futterbau als auch beim Rasen bleibt zu wenig Zeit zur Entwicklung von Raupen. Unsere Siedlungen samt ihrem landwirtschaftlich intensiv genutzten Umland sind deshalb arm an Schmetterlingen. Auch Heuschrecken sind selten. Dem gepflegten Rasen fehlen sie. Auf Dauerwiesen siedeln sie sich jedoch wieder an. Ebenso kehren die Ameisen zurück. Ihre Haufen können beim Mähen umgangen werden. Aus einem naturnah bepflanzten Garten kommen die Ameisen nicht ins Haus; sie finden im Freien genügend Nahrung. Auch Käfer, Wanzen, Fliegen, Einsiedlerbienen, Hummeln, Grabwespen und andere Insekten treten vermehrt auf. Wo aber genügend Kleintiere vorhanden sind, werden Vögel und Säuger bald nicht mehr fehlen. Und die Hoffnung, auf Grünflächen im Siedlungsraum die Natur wieder zurückzugewinnen, hat sich erfüllt.

Der Schlag

Der Schlag ist eine Lebensstätte mit besonders reichem Tier- und Pflanzenleben.
Aber es braucht viel Aufwand, um ihn anzulegen.
Er eignet sich für alle Standorte.

Der dicht geschlossene Hochwald ist von einem spärlichen, artenarmen Unterwuchs begleitet. Dieser blüht hauptsächlich im Frühjahr, bevor das Laub die Sonne gänzlich vom Waldboden abschirmt. Wird auf einer größeren Fläche der Wald geschlagen, beginnt sich im darauffolgenden Jahr eine üppige Schlagflora auszubreiten, die den bisherigen Unterwuchs verdrängt[10]. Schlagpflanzen haben die Fähigkeit, durch rasche Ausbreitung neu entstandene Blößen zu besiedeln. Sie sind meist von kräftigem Wuchs und blühen auffällig. Schlagpflanzen tragen in vorgerückter Jahreszeit reichlich Früchte mit Samen. In den folgenden Jahren bereichert sich der Schlag durch weitere Arten. Zugleich siedeln sich die ersten Holzpflanzen an. Lichthungrige Bäume und Sträucher haben den Vorrang. Sie werden später durch Schattenhölzer abgelöst. Die Belichtung des Bodens wird spärlicher. Das Optimum des Schlages ist überschritten. Die Schlagflora verschwindet allmählich und macht dem Unterwuchs von früher wieder Platz. Der Schlag ist eine bei uns weit verbreitete natürliche Lebensgemeinschaft. Auch dort, wo noch Urwaldreste bestehen, ist ein beträchtlicher Teil davon im Stadium des Schlages. Sturm und Alterszerfall sind in diesem Fall die natürlichen Verursacher von Waldlichtungen.
Der geschlossene Wald ist relativ arm an tierischem Leben, nicht aber der Schlag. Die gesamte Vielfalt ursprünglich einheimischer Tierarten ist da vorhanden. Die Beziehungen unter den Lebewesen sind recht mannigfaltig. Insekten bestäuben die Blüten und bedienen sich dabei mit Nektar

Hecken mit Schlehe dienen der Raupe des Birkenzipfelfalters als Nahrung. Auch Zwetschgenlaub wird angenommen.

Seite 45
Brauner Waldvogel auf Johanniskraut. Die Raupe lebt an verschiedenen Gräsern; der Falter besucht Röhrenblüten wie hier den Dost.

und Pollen. Samen und Früchte, die sich reichlich entwickeln, finden Liebhaber im Tierreich, die ihrerseits auch wieder für eine Ausbreitung der Pflanzen sorgen. Kleintiere, Säuger und Vögel sind miteinander zu einem komplizierten Gewebe aus Nahrungsketten verwirkt, die aber alle letztlich auf Pflanzennahrung basieren. Nichts wäre reizvoller, als den vor Leben strotzenden Schlag in unseren Siedlungsraum zu bringen. Dieses Unterfangen ist zwar nicht einfach. Es wird demjenigen gelingen, der bereit ist, für eine naturnahe Bepflanzung etwas mehr Mühe aufzuwenden. Beim Schlag handelt es sich also um ein natürliches Stadium von Wald. Und weil Mitteleuropa von Natur aus bewaldet wäre, eignet sich für den Schlag jeglicher Boden, roh oder humusiert, feucht oder trocken, Hügelstufe bis subalpine Stufe, Ebene oder Hang in jeder Exposition. Als Ausgangslage kommt auch jede Bepflanzung in Frage mit Ausnahme von Gehölzen, die im voraus samt Wurzelstock gründlich zu entfernen sind. Ebenso eignen sich unbepflanzte Areale.

Nur auf Faulbaum lebt die Raupe des Zitronenfalters. Hier besucht der Falter die Gewöhnliche Kratzdistel. Damit eine Schmetterlingsart in einer Gegend heimisch wird, bedarf es sowohl geeigneter Blumen für den Falter als auch ganz bestimmter Futterpflanzen für die Raupe.

Auf dem zum Schlag ausersehenen Grundstück werden nach Belieben kleinere Flächen von ein bis drei Quadratmetern Größe als Saat- oder Pflanzbeet vorbereitet. Jetzt sammelt man in der näheren Umgebung auf einer Schlagfläche, die in allen Bedingungen wie Höhe, Exposition, Boden, Feuchtigkeit, Humusgehalt usw. mit unserem Grundstück übereinstimmen sollte, Früchte und Samen von Schlagpflanzen. Die Ernte kann nun auf dem Saatbeet ausgesät werden. Dies kann sofort erfolgen, weil die reifen Samen auch in der Natur bald zu Boden gefallen wären. Ist eine Art am natürlichen Standort besonders häufig vertreten, besteht auch die Möglichkeit, sie in etwa fünf Exemplaren sorgfältig auszugraben und in das vorbereitete Pflanzbeet überzusiedeln. Dies kann im Winterhalbjahr jederzeit an frostfreien Tagen geschehen, am besten im Spätherbst. Wenn man sich im Laufe des Sommers die Standorte gut eingeprägt hat, findet man die gewünschten Pflanzen auch im Winterhalbjahr wieder. Erfolglose An-

Die Larve des Widderbocks nagt in verschiedenen Laubhölzern. Sie wird vor allem von Spechten gefressen.

siedlungsversuche sollten nicht wiederholt werden. Sie sind meist Ausdruck einer falschen Beurteilung der Standorte. Es ist eben nicht möglich, Artenkombinationen, die auf einem vernässten Boden gut gedeihen, am trockenen Standort anzusiedeln, und Pflanzen von Kalkböden versagen auf tonreichem Moränenmaterial; ebenso darf man Pflanzen von Berglagen nicht ins Flachland übersiedeln usw. Jahr für Jahr können in gleicher Weise weitere Arten eingebracht werden, bis der Schlag dann endlich das vom Besitzer gewünschte Aussehen hat.

Bereits im zweiten Jahr beginnt der Unterhalt. Dieser umfaßt zwei Maßnahmen. Zum ersten müssen alljährlich die Holzpflanzen, die oft unbemerkt auf dem Schlag gekeimt haben, ausgestochen werden. In den ersten Jahren scheint das überflüssig zu sein. Wenn man aber in der Nähe Gehölze oder Hecken hat, ist die Möglichkeit sehr groß, daß Holzpflanzen auf dem Schlag Fuß fassen. Wartet man mit dem Ausgraben der Gehölze zu lange, können diese

Der Weichkäfer lebt als Räuber und frißt andere Insekten. Da er in Naturgärten recht häufig auftritt, dient er vielen größeren Tieren als Nahrung.

Wer einen naturnahen Garten einrichtet, kann damit rechnen, daß sich das tierische Leben vervielfacht. Der Bläuling verlangt als Raupenfutter Pflanzen aus der Familie der Schmetterlingsblütler wie Ginster und Kronwicke.

Fliegen werden zu unrecht verabscheut. Ihre Larven verwerten allerhand organische Abfälle. Insekt und Larve sind Nahrung vieler Tierarten wie Käfer oder Vögel. Wer gegen Insekten mit Gift anrückt, stört das empfindliche Gleichgewicht in der Natur.

Gediegen ist die Farbenpracht des Widderchens. Seine Raupe lebt an allerhand Kräutern wie Klee, Habichtskraut und Wegerich. Englischer Rasen, Schwimmbäder, Asphalt und exotische Pflanzen sind Feinde des Widderchens.

Seite 51
Auf der Blüte von Geißbart findet sich nicht selten der goldgrün schillernde Rosenkäfer. Seine Larve lebt im Mulm alter Laubholzstöcke. Abgestorbene Pflanzenteile finden in der Natur viele Liebhaber.

oft nur noch mit Mühe entfernt werden. Der Schwarzdorn etwa ist zwar schwierig anzupflanzen, hat er sich aber einmal am neuen Standort erholt, macht er bald Wurzelbrut. Seine Entfernung erfordert dann ziemlich viel Aufwand. Die zweite Maßnahme zur Pflege des Schlages besteht darin, daß man alljährlich auf kleineren Flächen von ein bis drei Quadratmetern die Vegetationsnarbe entfernt oder umsticht. Dazu wählt man am besten diejenigen Stellen, die einem am wenigsten gefallen. Die auf dem Grundstück vorhandene Schlagflora breitet sich rasch auf den neu angebotenen unbewachsenen Flächen aus. Nach etwa einem Jahrzehnt ist die zweite Maßnahme weniger wichtig geworden, während das Ausstechen von Gehölzen an Bedeutung eher noch zunimmt.

Man beachte, daß auf einem Schlag andere Gräser wachsen als auf der Dauerwiese. Schlagpflanzen ertragen es nicht, regelmäßig geschnitten zu werden. Dagegen gibt es eine Reihe von Pflanzenarten, die auf dem Schlag ebenso

Die als Schlag vorgesehene Fläche bei einem Schulhaus ist im ersten Jahr mit rasch fruchtenden Pionierpflanzen bewachsen. Doch auch dieses Stadium ist im Naturgarten wertvoll, weil ein großes Angebot von Früchten zahlreiche Vögel anlockt.

Auf dem Schlag lassen sich Kohldistel, Wilde Karde, Brustwurz, eine verwilderte Platterbse, Malve, Königskerze und Dost erkennen.

gerne gedeihen wie auf Dauerweiden. Etliche Weidepflanzen werden nämlich vom Vieh gemieden, weil sie Ekelgeschmack haben oder auf frischem Dung wachsen.

Es ist deshalb angezeigt, daß man auf dem Schlag versucht, auch Pflanzen von Dauerweiden anzusiedeln. Dabei sind üppige und großgewachsene Arten zu bevorzugen, weil auf dem Schlag, wo der ordnende Verbiß der Weidetiere fehlt, mehr Konkurrenz um das Licht herrscht als auf der Dauerweide.

Die Ansiedlung eines Schlages ist für den Grundeigentümer eine große Nervenbelastung. Kritik durch »Sachverständige« wird von allen Seiten einsetzen. Nur wer überzeugt ist, daß unsere üblichen Kulturen mit fremdländischen Arten nicht über alle Zweifel erhaben sind, hält durch. Am Anfang sieht die zum Schlag ausersehene Fläche extrem verwildert aus. Entweder es gedeiht Unkraut, oder der Rasen wächst aus und liegt dann am Boden. Schon im Sommer stirbt das Gras oder Unkraut teilweise ab, was sich

Vor der Hecke liegt die zum Schlag auserkorene ehemalige Rasenfläche. Auf drei kleinen Beeten wurden Samen von Schlagpflanzen gestreut und je eine Art gepflanzt. So wird der Schlag allmählich grasärmer und blumenreicher.

durch gelbe und braune Farbtöne anzeigt. Im Winter ragen dürre Fruchtstände auf. Fällt Schnee, ist bis zum Frühling alles zu Boden gedrückt und völlig abgestorben. Gepflegter Rasen oder immergrüne fremdländische Bodenbedecker bei Nachbarn aber zeigen noch immer das gewohnte Aussehen. Dann allerdings ist es erstaunlich, wie rasch das frische Grün die gelbbraunen Überreste vom letzten Jahr übertönt. Und wenn gar das erste Blühen einsetzt, sind wir der Sache wieder sicher. Unsere Sicherheit wird noch verstärkt, wenn sich im frisch angelegten Schlag die Spuren des tierischen Lebens zu häufen beginnen, wenn bisher noch nie dagewesene Vögel an den Fruchtstauden naschen, Gänge von Mäusen sichtbar werden oder ungewohnte Insekten an den Pflanzen des Schlages die Blüten besuchen. Ist denn die bunte Vielfalt eines Stücks Natur nicht wertvoller als das monotone, sterile Kunstprodukt vieler Gärten? Freude haben am Schlag ist eine Sache der geistigen Umstellung. Jahrzehnte falscher Erziehung gegen-

Groß ist der Reichtum an Insekten im Naturgarten. Aber groß ist auch die Zahl ihrer Feinde. Hier hat eine Trichterspinne ihr Netz gebaut.

über der Natur können nicht über Nacht gelöscht werden. Am zehnjährigen Werdegang eines Schlages findet man genügend Zeit zu dieser Umstellung. Aber auch nach dieser langen Frist wirkt der Schlag in den Augen der Kritiker noch immer ungepflegt. Sie können nur noch Geschmack an der Natur finden, wenn diese durch Technik und ingenieurmäßige Behandlung zu einer verödeten Scheinnatur degradiert ist.

Naßstandorte

Etwa ein Drittel der Tiefebenen und Hügelländer Mitteleuropas zählte früher zu den Naßstandorten. Der Großteil davon wurde trockengelegt. Die Pflanzen- und Tierwelt erlitt dadurch hohe Verluste. Es ist ein Gebot der Stunde, neue Naßstandorte zu schaffen[11].

Wenn man alte Landkarten, Stiche und Gemälde betrachtet, wird einem bewußt, wie reich an Wasser viele Gegenden Europas gewesen sein müssen. Reisebeschreibungen aus vergangenen Zeiten bestätigen den Eindruck. Wie sah unser Land vor Beginn der Industrialisierung im 18. Jahrhundert aus? Allenthalben am Hang und Hangfuß gab es Quellgebiete. Groß war die Fläche der Hangsümpfe und zahlreich flossen die Wiesenbächlein. Durch Bewässerungskanäle, die allerdings weniger der Bewässerung als der natürlichen Mineraldüngung dienten, wurde das Gewässernetz weiter verdichtet. Mühlteiche und Mühlkanäle kamen dazu. Überall an den flacheren Stellen schütteten die Bäche ihr eigenes Bett auf; sie traten bei Hochwasser über die Ufer, suchten einen neuen Lauf, schütteten auch diesen wieder zu, so daß überall Sumpfgebiet entstand. Die größeren Flüsse pendelten durch weite Schachenlandschaften. Bei jedem Hochwasser änderten sie ihren Lauf. So bildeten sich Inseln, Altwasser und breite Landstreifen, die bei Hochwasser überschwemmt, bei Niedrigwasser trocken lagen. In den Flußtälern stieß an vielen Stellen klares Grundwasser auf, das sich zu größeren Giessen vereinigte. Während der Eiszeit waren zahllose Seen und Teiche entstanden, die im Laufe der Zeit ganz oder teilweise verlandeten. Aber auch die Verlandungsgebiete standen noch unter dem Einfluß des stark schwankenden Grundwasserspiegels.

Diese Situation hat sich seit Beginn des Industriezeitalters vor etwa 200 Jahren gründlich geändert. Hangsümpfe und Flachmoore wurden durch zahllose Sickerleitungen entwässert. Um den Abfluß des Drainagewassers zu garantieren, mußten aus den in den Ebenen nur wenig eingetieften Bachläufen, die ohnehin immer wieder Überschwemmungen verursacht hatten, mehrere Meter tief liegende Kanäle gebaut werden. Diese erhielten meist ein steil trapezförmiges Normalprofil, oft auch verbaute Sohlen und Ufer. Nicht einmal unmittelbar am tiefliegenden Wasser blieb Platz für Sumpfvegetation. Aber auch die großen Flüsse wurden korrigiert und in Kanäle verwandelt. So hat man den Schachen (Niederungen) das Wasser entzogen. Seespiegelregulierungen sorgten für fast konstante Uferlinien. Frühere Wasserspiegelschwankungen von vielen Metern wurden auf Bruchteile reduziert. Allenthalben ist das für die Entfaltung von Leben so wichtige Übergangsgebiet zwischen Wasser und Land auf ein Minimum reduziert. Selbst die enorm schwankenden Abflußmengen unserer Flüsse haben am künstlichen Steilufer wenig Effekt. Danebst wurden zahllose Bäche eingedolt und durch Wasserfassungen die Quellgebiete trockengelegt. In vielen Schachen entnimmt man so viel Wasser, daß die Grundwasseraufstöße verschwinden. Die Giessen mit ihrem klaren Kaltwasser wurden damit des Lebens beraubt. Das Trink- und Brauchwasser fließt heute durch lange Rohrleitungen an die Verbrauchsorte. Auch das Abwasser wird unterirdisch zu den Kläranlagen geleitet. Ebenso fließt Regenwasser aus dem Siedlungsraum durch die Kanalisation ab. Damit wird die Grundwasserbildung geschmälert. Wer wundert sich da noch, wenn viele Gewässer veröden? Entsprechend dem natürlichen Wasserreichtum unseres Landes war auch die Zahl wildlebender Pflanzen- und Tierarten an Naßstandorten groß. Quell- und Hangsumpf, Flach- und Hochmoor stellten reichhaltige Lebensgemeinschaften dar. Im Kaltwasser der Giessen lebten andere Arten als in Tümpeln mit stehendem Wasser von

Wenn auch dieser Bach schon längst ein künstliches Bett hat, ist er doch erhaltenswert, weil er inmitten von Baugebiet liegt und an seinen Ufern eine erhaltenswerte Lebensgemeinschaft mit Blütenstauden wächst. Die Aufnahme stammt vom Bildungszentrum Zofingen (Schweiz).

stark wechselnder Temperatur. Auch der unterschiedliche Kalk- und Nährstoffgehalt forderte differenzierte Lebensgemeinschaften. Gewässer mit Torfboden, Schlamm- oder Schlickgrund boten andere Standorte als solche mit Sand- oder Kiesgrund. Heerscharen von niederen Tieren bildeten die Nahrungsbasis für höhere Tiere. Amphibien, Reptilien (Ringelnatter, Europäische Sumpfschildkröte), Wasservögel (Taucher, Enten, Rallen), Biber, Iltis, Fischotter usw. kamen vor. Die Gewässer waren auch von enormer wirtschaftlicher Bedeutung. Krebs, Frosch, Fisch dienten weiterum der menschlichen Ernährung. Was ist aus all diesen reichhaltigen Lebensgemeinschaften geworden? Die Naßstandorte haben weitaus am meisten Pflanzenarten verloren. Nicht anders steht es mit den Tierarten. Überdüngte, verschmutzte und verbaute Gewässer bilden einen monotonen Lebensraum, der auch nach einer monotonen Lebensgemeinschaft ruft. Das einst reich gewirkte Netz von tierischen Nahrungsketten ist auf spärliche Fragmente reduziert.

Seite 59
Etliche der in vielen Gegenden Europas vom Aussterben bedrohten Amphibienarten finden in Naturgärten einen neuen Lebensraum, so auch der Wasserfrosch. Man erkennt die Schwimmblätter der Kleinen Wasserlinse.

Nach diesen Ausführungen wird klar, daß die Errichtung von Naßstandorten im Siedlungsraum drängt. Dabei sollten die unterschiedlichsten Lebensräume geschaffen werden, um den Fortbestand wenigstens eines Teils der einstigen Lebensgemeinschaften zu gewährleisten. Mit einem Bächlein läßt sich allerhand anfangen. Schon allein, wenn man dieses erweitert und verengt, sehr sanfte Flachufer mit Steilufer wechseln läßt, Staustrecken neben raschfließenden Abschnitten schafft, öffnen sich viele Möglichkeiten für die Natur. Wichtig sind auch grundwasserbeeinflußte ebene Flächen direkt am Wasser, die je nach Wasserstand bald trocken, bald überschwemmt daliegen. Wird von einem kleinen Staubecken aus ein Seitenkanal zu einem künstlich angelegten Teich gebaut, so korrespondiert dessen Wasserstand dann mit jenem im Staubecken, was wiederum wechselfeuchte Standorte ergibt. Wenn ein Grundstück von Sickerwasser durchzogen ist, wird die Anlage eines Teiches besonders leicht. Man hebt eine Grube aus, die sich dann von selber mit Wasser füllt. Anspruchsvoller ist die Anlage eines Hangsumpfes. Dieser entsteht, wenn Wasser großflächig über einen Abhang hinunterrieselt. Meistens aber steht auf dem zu gestaltenden Grundstück weder Oberflächen- noch Grundwasser zur Verfügung. Es ist dann unumgänglich, einen geplanten Weiher künstlich abzudichten. Dazu eignen sich verschiedene spezielle Weiherfolien. Grundsätzlich ist es besser, die Baugrube umfangreicher zu machen als den endgültigen Weiher. Man kann ihn dann mit Aushubmaterial über der Plastikfolie nach Wunsch gestalten. Auf alle Fälle sollte das Folienende rundum etwa 40 cm senkrecht aufgestellt und ausnivelliert werden. Bis zu diesem Rand reicht dann der maximale Wasser- oder Grundwasserstand (siehe Abbildung Seite 66/67). Es genügt, den Folienrand mit einigen Zentimetern Aushub zu überdecken. Beim Modellieren der effektiven Weiherform ist sehr zu empfehlen, einen ansehnlichen Teil der Folie bis zum oberen Rand zu bedecken und dann eine hügelige Geländeform herzu-

richten. Die Hügel sollten über, die Täler unter dem zu erwartenden höchsten Wasserstand liegen. So entstehen je nach Wasserstand unterschiedlich tiefe Tümpel, die gelegentlich sogar austrocknen können. Für Flachmoorpflanzen ist dieser Standort sehr geeignet. Jeder Weiher sollte einen Flachuferteil als Ein- und Ausstieg für Wildtiere haben. Im Notfall genügt auch Holz, das als sanft geneigte Ebene vom Wasser aufs Land führt. Auf gleiche Art kann auch im Schwimmbecken verhindert werden, daß Tiere ertrinken. Weitere Angaben über den Bau von Weihern finden sich im ausgezeichneten Buch „Freilandlabor Natur" *von Ernst Zimmerli*[12].

Den Weiher mit Humus auszustatten ist nicht günstig. Humus enthält meist zu viele Nährstoffe und führt in der Regel zu jahrelanger starker Veralgung. Der Weiher sollte also mit Rohboden gestaltet werden. Um das Wasser brauchen wir uns keine Sorgen zu machen. In Mitteleuropa ist die jährliche Verdunstung auf offener Wasserfläche geringer als der Niederschlag. Der Weiher wird sich somit von selber durch Regenwasser füllen. Weder Zu- noch Abfluß sind nötig. Höchstens in den trockensten Gegenden wäre eventuell die Einleitung von Wasser aus der Regenrinne zu erwägen. Wegen der starken Luft- und damit auch Regenwasserverschmutzung kann das allerdings Probleme geben. Auch wenn Leitungswasser zugeführt wird, kann dieses wegen seines hohen Nährstoffgehaltes die Algenbildung übermäßig fördern. Leider werden viele neugeschaffene Weiher falsch bepflanzt. Der glückliche Besitzer eilt zum Gärtner und holt sich Rohrkolben, Seerosen und andere spektakuläre Arten. Damit ist der Natur die Möglichkeit genommen, das Gewässer allmählich in Besitz zu nehmen. Im Tiefland und in der Hügelstufe Mitteleuropas allein gibt es mehrere hundert Arten von Wasser- und Sumpfpflanzen. Besser ist es daher, im Laufe der Jahre allmählich die eine oder andere Pflanzenart anzusiedeln. Dabei ist strikt darauf zu achten, daß die in der Natur entnommenen Pflanzen von

Privatgarten mit Rasen, Weiher, Schlag und Gehölz. Der Urlaubstraum liegt direkt vor dem Haus.

einem Standort stammen, der genau demjenigen unseres Gewässers entspricht. Tiefe oder seichte Stellen, stehendes oder fließendes Wasser, Kies oder Torfgrund, wechselwarme Tümpel oder kaltes Quellwasser beherbergen unterschiedliche Wasser- und Uferpflanzen. Man kann aber auch gar nichts unternehmen und die Natur arbeiten lassen. Wer dazu die nötige Geduld hat, wird staunen, wie mit den Jahren immer neue Pflanzen den Weg von selber finden. Übrigens ist auch ein gänzlich unbepflanztes Gewässer auf die Dauer interessant. Das Tierleben darin läßt sich sehr leicht beobachten. In den natürlichen Flußauen waren kahle Gewässer sehr verbreitet und auf ganz spezifische Art mit Tieren besiedelt.

Treten in unserem Weiher Algen massenhaft auf, ist das ein Zeichen für starke Belichtung und nährstoffreiches Wasser. Algen sind keineswegs lebensfeindlich. Viele Tiere finden in der Algenwatte Nahrung und Schutz. Auch wird man bald beobachten, daß sich die starke Veralgung während eines

Ein neu geschaffener Weiher vor der Kantonsschule Solothurn (Schweiz). Der Aushub wurde auf dem Rasen deponiert und wird bald als Standort für Pioniervegetation dienen. Die zur Abdichtung eingelegte Plastikfolie ist mit Aushub überdeckt und deshalb nicht sichtbar. In wenigen Monaten wird der Weiher mit Regenwasser gefüllt sein.

Die Pioniervegetation hat Fuß gefaßt. Es blühen Ackersenf, Mohn und Wucherblume. Der Weiher ist artenreich bepflanzt, aber nur Weiderich und eine Segge sind zu erkennen.

Die Pioniervegetation verändert ständig den Artengehalt. Man erkennt Wegwarte, Königskerze, Resede und Kratzdistel. Die Wasser- und Uferpflanzen haben sich stark vermehrt. Seggen und Igelkolben füllen den rechten Weiherarm.

Das Männchen einer Azurjungfer ruht sich aus. Libellen jagen oft weit entfernt vom Wasser nach Beute.

Jahres mehrmals auflöst und wieder neu bildet. Algen sind kein Grund zur Panik. Als unbegründet erweist sich auch die Angst vor Stechmücken. Ihre Larven wachsen in austrocknenden Tümpeln heran. In Weihern, die immer Wasser enthalten, siedeln sich genügend Feinde an, sodaß Stechmückenlarven nur selten aufkommen.

Künstliche Weiher lassen sich nicht mit Zoologischen Gärten vergleichen. Die natürliche Dichte des Tierbestandes liegt oft wesentlich unter unserer Erwartung. Viele Tiere verbergen sich mit Vorliebe im Dickicht von Wasserpflanzen. Wer etwas Geduld aufbringt, wird dennoch mit Freude bemerken, daß die neue Lebensstätte von der Natur angenommen wird. Auf dem Wasser tummeln sich Wasserläufer, im Wasser Rückenschwimmer. Man entdeckt die ersten Wasserschnecken. Vielleicht sieht man auch Wasserkäfer. Sicher finden sich Libellen in zahlreichen Arten ein. Wenn man Glück hat, kommen sogar Amphibien von selber.
Vor dem planlosen Aussetzen von Amphibien muß gewarnt

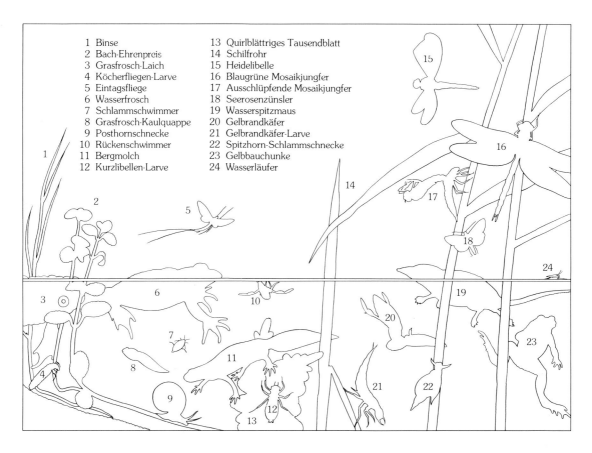

1 Binse
2 Bach-Ehrenpreis
3 Grasfrosch-Laich
4 Köcherfliegen-Larve
5 Eintagsfliege
6 Wasserfrosch
7 Schlammschwimmer
8 Grasfrosch-Kaulquappe
9 Posthornschnecke
10 Rückenschwimmer
11 Bergmolch
12 Kurzlibellen-Larve
13 Quirlblättriges Tausendblatt
14 Schilfrohr
15 Heidelibelle
16 Blaugrüne Mosaikjungfer
17 Ausschlüpfende Mosaikjungfer
18 Seerosenzünsler
19 Wasserspitzmaus
20 Gelbrandkäfer
21 Gelbrandkäfer-Larve
22 Spitzhorn-Schlammschnecke
23 Gelbbauchunke
24 Wasserläufer

Vergleiche Abbildung Seite 66/67.

werden. Es ist besser, erst nach gründlichem Überlegen die eine oder andere Art einzuführen. Amphibien stellen an ihre Lebensräume je nach Art verschiedene Ansprüche. Leicht ansiedeln lassen sich Wasserfrosch und Bergmolch. Ganz verfehlt ist es, Goldfische auszusetzen. Wer Goldfische hat, wartet umsonst auf ein reiches Tierleben. Chinesische Karpfen gehören eben nicht in mitteleuropäische Teiche. Wenn schon Fische ausgesetzt werden, dann sollten es besser einheimische Kleinfische sein wie Elritze oder Schlammpeitzger. Interessant wären auch Bitterling und Groppe. Aber vor solchen Versuchen ist genau abzuklären, ob sich die Ansprüche dieser Arten in unserem Gewässer befriedigen lassen. Wer See- und Flußfische in kleinsten Gewässern aussetzt, beweist damit wenig Einsicht in ökologische Zusammenhänge.

Stehende Gewässer brauchen in der Regel eine angemessene Pflege. Sich selber überlassen, verwachsen sie immer stärker und werden zusehends nährstoffreicher. Weil im Wasser weniger Sauerstoff vorhanden ist als in der Luft, vermag die Fäulnis das organische Material nicht zu zersetzen. Dieses reichert sich an und führt zur Verlandung. Die organische Masse bleibt unter dem Einfluß des Grundwassers. Es entsteht ein üppiges Flachmoor. Ohne Pflege geht Flachmoor mit der Zeit in Weidengebüsch und dieses in Erlenbruchwald über. Wird das Flachmoor alljährlich gemäht, stabilisiert es sich. Wenn das Gemähte liegenbleibt, erhöht sich das nährstoffreiche Flachmoor allmählich über die Grundwasserbasis, und wird zum nährstoffarmen, schlechtwüchsigen Flachmoor (Kleinseggenried). Im Grunde sind sämtliche Stadien von unbewachsenen Weihern mit rohem Grund bis zum Kleinseggenried oder Erlenbruchwald erhaltenswerte Lebensgemeinschaften. Es sei deshalb auf gezielte Ratschläge verzichtet. Wer das Rad der Zeit wieder zurückdrehen will, kann einen verwachsenen Teich ausräumen und das anfallende organische Material wegschaffen. Empfehlenswert ist es, nicht die ganze Fläche auf einmal so zu behandeln. Wird beispielsweise in dreijährigem Zyklus gearbeitet, hat man stets drei unterschiedliche Lebensstätten nebeneinander. Und auf diese Art kann auch verhindert werden, daß anwesenden Arten die Lebensgrundlage entzogen wird. Auch fließende Gewässer können bei wenig Gefälle verlanden, und zwar sowohl durch üppiges Pflanzenwachstum als auch durch Ablagerung von Gesteinstrümmern. Solche Gewässer wurden in früheren Zeiten immer wieder durch Handarbeit ausgeräumt. Das anfallende Material hat man als Wall einseitig oder beidseitig des Baches deponiert. Auch da ist es gut, nicht den ganzen Bachlauf auf einmal auszuräumen. Bach und Seitenwälle werden mit der Zeit zum reichhaltigen Biotop.

Wasserspiegel

Kunststoff-Folie

Gitter, je nach Umgebung notwendig als Schutz gegen Nagetiere.

Auffüllmaterial (mindestens 10 cm dick): Kies, Sand, Lehm oder Aushubmaterial, möglichst keinen düngerreichen Humus verwenden, da sonst starkes Algenwachstum erfolgt.

Herausragende Folie, wird erst nach dem Füllen des Weihers mit Wasser abgeschnitten.

— Steine

Unterlage: keine spitzen und scharfen Gegenstände, im übrigen spielt Beschaffenheit keine Rolle.

Pionierstandorte

Unbewachsene rohe Böden tragen in der Natur und im
Siedlungsraum bald eine reichhaltige Flora.
Auch ein Biotop mit Ackerunkräutern auf humusiertem
Boden ist wertvoll.
Beim Errichten von Bauten aller Art sollte vermehrt
an die Natur gedacht werden.

Je bewegter das Gelände ist, desto zahlreicher kommen
Pionierstandorte vor. Darunter versteht man frisch
gebildete Böden, die noch keinerlei Vegetation tragen. In der
Natur entstehen Pionierstandorte vor allem durch das
fließende Wasser. Dessen Erosionskraft ist besonders bei
Hochwasser ausgeprägt. Immer wieder wird das Ufer
unterspült und rutscht ab. Aber auch das vom Wasser weggetragene Material bildet flußabwärts frische, vegetationslose Kies-, Sand- und Schlickablagerungen. In Rutschgebieten und in felsigem Gelände können ebenfalls Pionierstandorte entstehen, als Narbe beim Abbruch und weiter
unten als Aufschüttungsfläche. Auch der Mensch schafft
reichlich unbewachsene Flächen. Steinbrüche, Kiesgruben,
Aufschüttungen und Baustellen werden zumindest zeitweise
zu Pionierstandorten. Als solche können auch Bauten aller
Art, Wegränder, Geleisanlagen, Lagerplätze und Fabrikareale angesehen werden. Sogar frisch bestellte Ackerflächen sind dazu zu rechnen, ebenso jedes von Unkraut
befreite Blumen- oder Gemüsebeet.
In unserem regenreichen Klima bleiben Pionierstandorte
nicht lange unbewachsen. Eine reichhaltige Fels-, Schutt-
und Unkrautflora findet sich bald ein. Besonders im Gebirge wurden bis jetzt alle diese Lebensgemeinschaften kaum
bedroht, anders aber im Unterland. Dort sind die fließenden
Gewässer verbaut und ihre Erosionskraft ist erloschen.
Aber auch die ehemaligen Aufschüttungsgebiete wurden

Groß ist die Zahl blühender Kräuter, die von unseren Äckern durch Gift vertrieben wurden. Der Venusspiegel ist nur ein Beispiel dafür.

Der steinige Hang wurde der Natur überlassen. Man erkennt Königskerze, Kratzdistel, Rainkohl, Pfaffenröhrlein und Ruprechts-Storchenschnabel.

stillgelegt. Sie werden heute vom Wasser in tiefliegenden Kanälen durcheilt. Die Pionierstandorte des fließenden Wassers waren sehr vielfältig. Sämtliche Größen von Gesteinstrümmern hatten sich mit jeglichem Grad von Vernässung und Austrocknung kombiniert. Entsprechend mannigfaltig war auch die Pflanzenwelt. Von Natur aus wurde unter stationären Verhältnissen die Pionierflora allmählich durch definitive Pflanzengesellschaften abgelöst, etwa von Weidengebüsch und dann von Auenwald. Doch die Tätigkeit der Flüsse setzte plötzlich wieder ein und die definitiven Pflanzengesellschaften wurden wieder durch Pioniergesellschaften ersetzt. Die Vegetationen aller Flußaufschüttungen sind heute gleichermaßen gefährdet. Gefährdet ist aber auch die Tierwelt der Aufschüttungsgebiete, die sich wie die Pflanzenwelt durch speziell angepaßte Arten auszeichnet. In den Erosionswänden findet eine große Zahl von einsiedlerisch lebenden Bienen und Wespen genügend Sonne und lockeren Grund zum Bau von Gän-

Dem Fachmann im Straßenbau ist ein angeschnittener steiniger Hang ein Greuel. Rasch würde humusiert, mit einer Allerwelts-Grassamenmischung begrünt und ein möglicher Standort für einheimische Pflanzenarten wäre verloren. Glücklicherweise ist das hier nicht geschehen.

gen mit Zellen. Viele Insekten suchen im blütenreichen Bewuchs frischer Kies-, Sand- und Schlammbänke Nektar und Blütenstaub. Das Weichholz der Auen ist günstig für holzbohrende Insektenlarven. Kleinfische, Kreuzkröte, Gelbbauchunke, mehrere Molcharten, Ringelnatter und Europäische Sumpfschildkröte besiedeln auch unbewachsene Gewässer. Eisvogel und Uferschwalbe nisten nur in vegetationsfreien Steilböschungen. Auf neu gebildeten Alluvionen mit Kies und Sand brüten Limikolen und Strandläufer. Diese Vögel finden auch ihr Futter im kahlen Schlick und Schlamm. Der nahrungsreiche Biotop wurde weiter bewohnt von Biber, Iltis, Fischotter, Graureiher und mehreren Greifvögeln. Wie die Pflanzenwelt ist auch die Tierwelt der Flußaufschüttungen aufs äußerste bedroht.

Eine Lebensgemeinschaft von großem Artenreichtum beherbergten früher die Äcker. Wer sich davon eine Vorstellung machen will, muß sich beeilen. Vielleicht findet er in abgelegenen Winkeln des Mittelmeergebietes noch extensiv

Auch an diesem Bord konnte die Natur sich frei entfalten. Es blühen Zaunwinde, Johanniskraut und Möhre. Brombeeren haben sich ebenfalls angesiedelt.

Ist die blühende Malve mit ihren Begleitpflanzen nicht schöner als eine Allerwelts-Grasbegrünung oder eine exotische Monokultur?

bewirtschaftetes Ackerland. Das Leben darin ist beeindruckend. Bereits im Vorfrühling beginnt das Blühen. Mit dem Heranwachsen des Getreides kommen auch die Unkräuter auf. Das reifende Ährenfeld gleicht einem Blumenteppich. Aber auch nach dem Schnitt zieren niedrigwüchsige Blütenpflanzen das Stoppelfeld. Kaum ist gepflügt, beginnt mit der keimenden Saat auch das erste spärliche Blühen von Unkraut. Mit dem Pflanzenleben geht ein ebenso üppiges Tierleben parallel. Dieses hat als Nahrungsbasis weniger die Kulturpflanzen als vielmehr das Unkraut. Das Summen und Schwirren der Insekten ist beeindruckend. Allenthalben fliegen bunte Falter. Über dem Acker schauen Greifvögel nach kleinen Nagetieren und anderer Beute aus.

Was haben wir aus dem Ackerland gemacht? Ein ausgeklügelter Spritzplan gibt dem Landwirt die nötigen Anleitungen. Das Resultat ist deutlich sichtbar. Die Pestizide halten, was die Werbung verspricht. Das Leben im Acker ver-

In ganz Mitteleuropa trifft man solche oder ähnliche Anlagen. Statt naturnaher Lebensgemeinschaften beherrschen extrem artenarme exotische Bodenbedecker und Rasen die Grünflächen im Siedlungsgebiet.

Da wurden exotische Bodenbedecker gepflanzt. Die einheimische Natur hat das Nachsehen.

ödet. Wo die bunte Pflanzenwelt vernichtet ist, wird sich auch die Tierwelt nicht mehr entfalten, mit Ausnahme von Schädlingen. Diese haben als einzige Nahrungsbasis die angebaute Kulturpflanze. Über den Schädlingen ist die Nahrungskette geköpft, weil die Nützlinge ausgerottet sind. Immer mehr und bessere Pestizide drängen sich auf. Eine perfekte Monokultur entsteht. Moderne Äcker sind biologische Wüsten.
Als dritter Pionierstandort bleibt der Siedlungsraum. Seit jeher führt der Mensch hier seinen Kampf gegen die von allen Seiten eindringende Natur. Der Kampf blieb während Jahrtausenden unentschieden. Eine eigene Unkrautflora zierte Wegränder, Mauern, Straßenpflaster, Umgebung der Miststöcke und regengeschützte Stellen unter dem Vordach. In den fortschrittlichen Dörfern und Städten Mitteleuropas finden sich nur noch Fragmente dieser Pflanzengesellschaften. Straßen und Plätze, Parkflächen und Zufahrten, Lager- und Umschlagplätze sind asphaltiert. Verbleibende

Der Huflattich ist ein Siedlungspionier und blüht oft schon im März. Für mehrere Wildbienenarten ist er als Nahrungsspender von großer Bedeutung.

Grünflächen sind mit gepflegtem Rasen oder einer von Unkraut gesäuberten fremdländischen Monokultur besetzt. Die Natur geht leer aus. Wo die Pflanzenwelt fehlt und alle organischen Abfälle sauber verpackt in der Verbrennungsanlage geführt werden, da mangelt es auch an Futter für Tiere. Diese finden ohnehin in den perfekten Fassaden und Dächern kaum noch Unterschlupf. Weißstorch, Rauchschwalbe, Mehlschwalbe und Mauersegler sind im Rückgang, zum Teil dem Aussterben nahe. Sogar Hausratte, Hausmaus, Hausspitzmaus oder Hausmarder haben viele Menschen noch nie gesehen. Gartenrotschwanz, Zauneidechse, Schleiereule, Turmfalke, Schläfer und Fledermäuse sind vielerorts selten geworden. Wo soll der Ameisenlöwe seine Trichter graben, wenn der Vorplatz bis zur Hausmauer »sauber« asphaltiert ist? Wer kennt noch aus eigener Erfahrung den Gesang des in der Literatur so oft erwähnten Heimchens? Unsere Siedlungen sind zwar sauber und hygienisch, doch fehlt ihnen das Leben. Sie sind steril.

Auch der Hornklee ist ein Erstbesiedler. Es ist unverständlich, warum dieser einheimischen Pflanze exotische Bodenbedecker vorgezogen werden.

Aus den vorausgegangenen Beschreibungen über das Schicksal von Lebensgemeinschaften auf Pionierstandorten ergibt sich, daß diese im Siedlungsraum ebenfalls vermehrt berücksichtigt werden sollten. Wir können sie schaffen, vielleicht noch mit passenden Pflanzen einigermaßen ausstatten, und dann der Tierwelt zum Gebrauch anbieten. Wenn diese in der Gegend noch vorhanden ist, wird sie das Angebot annehmen. Pionierflächen lassen sich leicht anlegen. Wenn man baut, ist nichts einfacher, als unhumusiertes Gelände mit Rohboden zurückzulassen. Auch im Zusammenhang mit einem Weiherbau kann der anfallende Aushub irgendwo zu gefälligen Hügeln geschüttet werden. Rabatten am Haus, Wegränder und Vorplätze nicht zu humusieren, ist keine aufwendige Sache. Asphalt sollte durch Platten, Verbundsteine, Pflastersteine oder gar durch Kies oder andere durchlässige Materialien ersetzt werden, damit etwas Raum zur Entfaltung von Leben verbleibt. Betonmauern durch Natursteinschichtungen mit nicht verfestigten Fugen

Die Wegwarte, ein alter Begleiter in der durch Menschen geprägten Landschaft, findet heute kaum mehr Platz in Dörfern und Städten.

Seite 77
Wo Samen und Früchte reifen, stellen sich Vögel ein. Ein Distelfink frißt die Früchte der Karde.

abzulösen, wäre verdienstvoll. Warum nicht im Garten einen Lesesteinhaufen anlegen? Organische Abfälle aus der Küche, sofern sie nicht vergiftet sind, gehören zurück in den Garten. Wir düngen damit auf natürliche Art Obst- und Gemüsegarten oder legen in der Hecke eine Futterstelle an.

Dachräume sollten für Tiere von außen zugänglich sein. Wie beruhigend ist es doch, wenn sich auf dem Dachboden Fledermäuse, Siebenschläfer oder Hausmarder tummeln. Jeder Haus- und Landbesitzer sollte sich überlegen, auf welchem Weg er der bedrohten Natur am besten helfen könnte. Neu angelegte Pionierflächen kann man zur Besiedlung einfach der Natur überlassen. Vielleicht braucht es ein Jahrzehnt oder länger, bis sich genügend Arten eingefunden haben. Man kann den Vorgang aber auch etwas verkürzen. Natürliche Pionierstandorte der Umgebung, so Flußauen oder Kiesgruben, Lagerplätze und Fabrikareale werden abgesucht und Samen oder Früchte gesammelt. Vielleicht

wird man auch die eine oder andere Art ausgraben und anpflanzen. Doch dabei muß man daran denken, daß viele Pionierpflanzen nur ein- oder zweijährig sind. Nach dem Blühen sterben sie ab. Sie pflanzen sich nur über Samen fort. Einmal am neuen Standort, vermehren sie sich meistens von selber.

Pionierstandorte brauchen eine gewisse Pflege. Aufkommende Holzpflanzen sind regelmäßig zu entfernen. Im Laufe von Jahren entstandener Humus sollte gelegentlich weggeführt werden. Stellen, die uns wenig gefallen, rauhen wir auf und befreien sie von der Vegetationsdecke. Die frischen Flächen besiedeln sich von selber, wenn wir nicht versuchen, darauf bisher noch fehlende Pflanzenarten einzubringen.

Ganz besonders reizvoll ist die Anlage eines Unkrautbiotops. Die dazu ausersehene Fläche sollte humusiert sein. Wenig gedüngter Humus eignet sich besser als stark gedüngter. Auf der frisch bearbeiteten Fläche können gesammelte Samen und Früchte von Ackerunkräutern ausgestreut werden. Einen Unkrautbiotop muß man Jahr für Jahr etwa zur gleichen Zeit und nicht gar zu perfekt umstechen. Besonders schöne Partien können auch während zwei Jahren belassen werden. Man schaltet sozusagen ein Brachjahr ein. Ein gut angelegter Unkrautbiotop blüht dann während der ganzen Vegetationsperiode. Das Insektenleben entfaltet sich reichlich. Im Siedlungsraum sonst seltene Vögel fressen reife Samen und Früchte. Ein reiches Bodenleben aus Kleintieren kommt auf. Maulwurfsgrille, Maus und Spitzmaus finden sich ein. Es gibt Beute für Greifvögel und Eulen. Fledermäuse jagen die Nachtfalter. Ein Unkrautbiotop kann zur Basis von regem Leben im Siedlungsraum werden.

Der Nutzgarten

Der biologische Anbau von Gemüse, Beeren und Obst ergänzt die naturnahe Bepflanzung.
Auch der Nutzgarten kann zur ökologischen Ausgleichsfläche werden.

Zu Unrecht wird der Nutzgarten heute im Siedlungsraum vernachlässigt. Gemüse, Obstbäume oder Beerenkulturen ergänzen die naturnah bepflanzte und gepflegte Grünfläche aufs beste. Selbstverständlich sollte der Nutzgarten nach biologischer Art angelegt werden, was bedeutet, daß auf Kunstdünger und sämtliche Gifte verzichtet wird. Über den biologischen Gartenbau gibt es umfangreiche Literatur. Für den Obstbau sind alte Sorten zu empfehlen, welche nicht so anfällig gegen Schädlinge sind. Obst kannte man bei uns längst bevor die chemische Industrie aufgekommen war. Wenn man keinerlei Unkosten für Spritzmittel aufbringen muß, kann man eintretende Verluste von 20–40% (Angabe der chemischen Industrie) ohne weiteres ertragen. Biologisch gezogenes Obst sollte weder kümmerlich noch krank aussehen. Steinobst gedeiht besser auf sickernassen, tonigen Böden, während das Kernobst steinige, trockene Böden vorzieht. Die Düngung kann durch Küchen- und Gartenabfälle, Kompost und Mist erfolgen. Obstbäume lassen sich sehr gut in Hecken eingliedern, nur muß man dann die übrigen Gehölze darunter kurz halten. Warum werden in öffentlichen Grünflächen keine Obstbäume gepflanzt? Ein Pflege- und Nutzzwang besteht ja schließlich nicht. Wenn niemand etwas mit den Bäumen zu tun haben will, kann man diese verwildern und durch die Natur nutzen lassen. Bleiben an einem Baum beispielsweise die Äpfel hängen, hacken sich, wenn man Glück hat, Grau- oder Grünspecht einen Zugang zum Kerngehäuse und holen die Samen heraus. Dabei entsteht viel Abfall, der gemeinsam

Warum werden keine Obstbäume in Schulanlagen gepflanzt? Obstbäume blühen ebenso schön wie Exoten. Zudem tragen sie Früchte, die man der Natur überlassen oder ernten kann. Neben den Obstbäumen entwickelt sich eine Lebensgemeinschaft von Ackerunkräutern. Darin blüht gelb der verwilderte Raps.

mit ganzen Äpfeln zu Boden fällt. Unter dem Baum halten dann die Drosseln, Stare, Amseln und einige Körnerfresser wie Sperlinge oder Buchfink an den Überresten gute Mahlzeit. Selbst Seidenschwänze kann man in kalten Wintern am Apfelbaum hin und wieder beobachten. Für viele ordentliche Bürger stößt allerdings der bloße Gedanke an derartige Zustände im eigenen Garten bereits auf entschlossene Ablehnung. Und doch ist bekannt, daß viele Wildtiere mit Vorliebe einen giftfreien Obsthain bewohnen. Spechte, Wiedehopf, Baumläufer, Meisen und Kleiber, auch Girlitz, Distelfink und Rotkopfwürger trifft man dort besonders häufig, wenn die Bäume alt und voller Höhlen sind. Dann ist auch das Insektenleben reichlich entwickelt. Wir finden Blattläuse und alle ihre Vertilger wie Wanzen, Marienkäfer, Schweb- und Florfliegen sowie ihre Larven. Nagetiere, vielleicht auch Fledermäuse oder gar Laubfrösche schätzen den Obstgarten als Biotop. Eine Grünfläche mit alten Obstbäumen wird zur wertvollen ökologischen Ausgleichsfläche.

An geschützter Stelle bei einem Schulhaus wurde ein Lebensraum für Mauereidechsen geschaffen. Auch Geburtshelferkröte und Kreuzkröte wären hier denkbar. Ein kleiner Weiher mit kiesigem Grund ist vorne links zu erkennen. Die Amphibien könnten hier laichen.

Völlig unproblematisch ist der Anbau von Johannisbeeren, Himbeeren und Erdbeeren auf biologische Art. Gewisse Verluste sind allerdings auch hier einzukalkulieren. Erfolge und Fehlschläge im Gemüsebau haben mich längst gelehrt, daß an einem bestimmten Standort nicht jede Kultur gleich viel Erfolg bringt. Statt sich über mißlungene Versuche zu ärgern, vergrößert man besser die Fläche erfolgreicher Kulturen. Ich sehe es immerhin als ein sehr gutes Resultat an, wenn ich aus dem eigenen Garten während eines großen Teils des Jahres täglich einen Salat aus frischen Rettichen genießen kann. Auch biologisch kann man intensiv und extensiv anbauen. Wer genug Land hat, dem sei eher die extensive Variante empfohlen. Die Gemüsekultur wechselt in diesem Fall mit Brache ab. Das Brachland läßt man verunkrauten, legt darauf eine Pflanzung für Gründüngung an oder benutzt es als flächige Ablage von organischen Küchen- und Gartenabfällen. Eine eventuelle Brache braucht nicht genau ein Jahr zu dauern. Man kann zum Beispiel

Seite 83
Diese Zauneidechse hat einen für sie künstlich geschaffenen Lebensraum angenommen.

nach einer Frühlingskultur wieder mit einer Winterpflanzung einsetzen oder auch mehr als ein Jahr zuwarten. Flächig lagernder Kompost wird vor dem erneuten Anbau abgerecht. Eine gewisse Bereicherung des Bodens mit Nährstoffen ist auf alle Fälle eingetreten und das Bodenleben hat zugenommen. Abfälle, Brache, Unkraut, alles dient der Natur. Biologischer Landbau und Naturgarten gehören zusammen.

Die neue Einstellung

Nur wenn wir die Beiträge für den Umweltschutz kombinieren mit einer anderen Einstellung zur Natur, kann das Aussterben wildwachsender Pflanzen- und Tierarten überhaupt noch gebremst werden.

Wer nach dieser kurzen Lektüre willens ist, mit einer naturnahen Bepflanzung zu beginnen, wird damit auf einige Schwierigkeiten stoßen. Es ist zwar nicht schwer, die einzelnen Lebensgemeinschaften und die für sie empfohlene Pflege sinngemäß zu verstehen. Doch die benötigten Pflanzenarten richtig auszuwählen und zu beschaffen, stellt scheinbar unlösbare Probleme. Gehölze sind das Rückgrat vieler Bepflanzungen. Bis sie herangewachsen sind und das vorstellen, was man von ihnen erwartet, vergehen Jahre. Man wird sich deshalb wohl zuerst den Hecken und Gehölzgruppen zuwenden. Es gibt in jeder Buchhandlung farbig bebilderte Bücher über unsere einheimischen Holzpflanzen. Ihre Ansprüche und Verbreitung lassen sich nachlesen. Von einer Baumschule werden Listen von Wildgehölzen bezogen und dann die Bestellung ausgearbeitet. Man mag sich fragen, warum in der vorliegenden Schrift nicht einfach alle Wildgehölze Mitteleuropas aufgeführt sind, so daß der Leser jederzeit eine Auswahl davon bestellen kann. Die Gründe dafür sind leicht einzusehen: Mitteleuropa hat kein einheitliches Klima. Höhe über Meer, Temperatur, Besonnung, Niederschläge, Nebel, Schnee usw. lassen recht unterschiedliche Klimate entstehen, die sich auf die Zusammensetzung der Gehölze auswirken. Es sollten unbedingt die für die Gegend richtigen Pflanzenarten bestellt werden. Viele Interessenten scheitern an diesem Problem, da sie wohl eine naturnahe Bepflanzung wünschen, sich jedoch mit der dazugehörigen Kenntnis nicht belasten wollen. Man wendet sich an ein Gartenbaugeschäft, was allerdings meistens wenig nützt; denn der Gartenfachmann ist von seiner Ausbildung und den gängigen Aufträgen her mit diesen Fragen in der Regel nicht vertraut. Darum ist es am besten, wenn beim WWF nachgefragt wird nach der *Adresse eines* in der Nähe liegenden *Gartenbaugeschäftes,* dessen Inhaber im Stande sein könnte, den Wünschen des Besitzers zu entsprechen. Auch der Fachmann wird nicht darum herumkommen, in seiner Gegend sich vorerst die Artenzusammensetzung der Wildgehölze aufgrund von Feldbeobachtungen zu merken und dann erst die Bestelliste auszufüllen. Das Verfahren, an entsprechender Stelle Holzpflanzen nach erhaltener Bewilligung durch die zuständigen Forstorgane selber auszugraben, kann ebenfalls empfohlen werden.

Noch eine grundsätzliche Betrachtung für diejenigen, die Wildpflanzen in der Natur zu holen gedenken. Bevor Exemplare einer Art ausgegraben werden, muß man sich versichern, daß diese Art am Standort wirklich zahlreich vorhanden ist. Von geschützten, seltenen oder zumindest am ausgewählten Standort seltenen Pflanzen ist unter allen Umständen abzuraten. Selbst wenn man nur Samen und Früchte sammelt, ist strikt darauf zu achten, daß ein Standort nicht leergeplündert wird. Nur unter dieser Bedingung können verantwortungsvolle Naturschützer nichts einwenden, wenn Wildpflanzen von ihrem natürlichen Standort geholt werden. Schließlich handelt es sich bei den »Raubzügen« nach Pflanzenmaterial keineswegs um eine Vernichtungsaktion. Vielmehr geht es darum, den gewählten Arten zusätzliche Standorte zu bieten, die sie von alleine wohl nie hätten besiedeln können. Sobald Wildpflanzen im Siedlungsraum eingebürgert sind und sich vermehrt haben, sollte man beim Neuanlegen weiterer naturnaher Bepflanzungen zuerst auf Pflanzengut aus schon bestehenden Anlagen in der gleichen Gegend zurückgreifen. Unnötig darf die Natur unter keinen Umständen geplündert werden.

Während bei den Holzpflanzen genügend Forstbaumschulen mit einheimischen Gehölzen den Markt bedienen, ist das bei Kräutern und Stauden, die wir als Unterwuchs für den Waldschlag oder für Pionierstandorte brauchen, nicht der Fall. Diese unerfreuliche Tatsache wird sich auch in Zukunft kaum ändern, denn ein so umfangreiches Sortiment, wie es die Natur führt, ist keiner Firma zuzumuten. Dies besonders, wenn man bedenkt, wie klein die Gegend ist, die durch ein bestimmtes Sortiment bedient werden kann. Kaum 20 km vom Standort entfernt hält die Natur wieder eine andere Florenmischung bereit. Einheitsnaturgärten, die den natürlichen Standortfaktoren einer Gegend nicht entsprechen, wären fast so schlimm wie standortfremde ausländische Bepflanzungen.

Am Anfang dieser Schrift wurde anhand von Zahlen über das Aussterben von wildlebenden Pflanzen- und Tierarten begründet, warum man im Siedlungsraum mit naturnaher Bepflanzung arbeiten sollte. Obschon diese Begründung allein eigentlich genügt, sei doch noch auf weitere Tatsachen hingewiesen, die ebenso deutlich für eine naturnahe Bepflanzung sprechen. Die meisten Politiker in Ost und West und in den Entwicklungsländern treten nach wie vor für ein weiteres wirtschaftliches Wachstum ein. Wohl wird parallel dazu von einem qualitativen Wachstum gesprochen. In Wahrheit ist das bis jetzt beobachtete Wachstum aber noch fast ausschließlich quantitativ. Wenn man der Studie: »Optische Täuschung im Umweltschutz«, von *Jänicke* und *Weidner*, glauben darf, haben in den führenden Industriestaaten Milliardenbeträge für den Umweltschutz eine weitere Zunahme der Giftstoffe in der Luft nicht abbremsen können[13]. Auch die Verschmutzung der Gewässer, die Meere eingeschlossen, schreitet trotz Riesenaufwendungen für die Gewässerreinigung voran. Der Straßenverkehr und die touristische Erschließung machen weltweit ebenfalls Fortschritte, Region um Region wird systematisch zerstört. Die Zunahme der Weltbevölkerung ruft nach einer weiteren flächenmäßigen Ausdehnung der intensiven Landwirtschaft. Alle diese Faktoren schaffen schlechte Bedingungen für den Fortbestand der Natur. Man wird den Verdacht nicht los, daß Umweltschutz in den Dienst des quantitativen wirtschaftlichen Wachstums gestellt worden ist. Jedenfalls stehen die sich anhäufenden Nachrichten über das Aussterben von wildlebenden Pflanzen- und Tierarten im krassen Gegensatz zu den von vielen Politikern routinemäßig geübten Bekenntnissen zum Umweltschutz. Weder Geld noch Worte haben Aussagekraft. Von Bedeutung sind einzig und allein die Resultate. Erfolg im Umweltschutz muß sich als Erfolg in der Erhaltung wildlebender Pflanzen- und Tierarten niederschlagen. Davon aber hört man nichts, außer etwa von Teilerfolgen im lokalen Schutz einzelner Arten; doch das ändert leider am weltweiten Gesamtgeschehen nicht viel. Eigentlich braucht man sich nicht zu wundern, daß die positiven Resultate in der Gesamtsituation des Umweltschutzes ausbleiben. Noch immer gibt es passionierte Umweltschützer, die in ihren eigenen Stuben Insektenspray anwenden, in ihrem eigenen Garten Kunstdünger streuen, mit Gift gegen Schädlinge vorgehen und mit ausländischen, standortfremden Arten der einheimischen Vegetation den Platz versperren. Naturschutz verlangt Opfer. Eine Natursteinmauer mit Fugen ist teurer als Beton. Es ist einfacher, organische Küchen- und Gartenabfälle der Müllabfuhr zu übergeben, als sie auf eigenem Grund und Boden zu verwerten. Wie sollte die Öffentlichkeit mehr als Worte für den Umweltschutz übrig haben, wenn jeder Privatmann auch nur Worte aufwendet? Man muß dazu übergehen, den Privatmann am Aussehen seines Grundstückes über die Einstellung zur Natur zu beurteilen. Die Bepflanzung der öffentlichen Grünflächen sollte den Natursinn des Gemeinwesens widerspiegeln. Solange jedermann mit ausländischen Bodenbedeckern und Sträuchern seine Böschung bepflanzt, wird sich auch die öffentliche Hand nicht umstellen. Praktische Taten in Form von naturnaher Bepflanzung der Grünflächen sollten als kostensparende, dafür umso wirksamere Maßnahme, die Milliardenausgaben für den Umweltschutz begleiten.

Wer eine Grünfläche mit einer extrem naturfeindlichen Bepflanzung besitzt oder doch über sie mitbestimmen kann, sollte mit der Umstellung auf »naturnah« möglichst bald beginnen. Dabei ist nicht gemeint, daß auf einmal alle fremdländischen Gehölze beseitigt und Blumenbeete mit Stumpf und Stiel vernichtet werden. Man kann ganz sachte beginnen. Eine kleine Fläche im übermächtigen Hypericumbord wird mit dem Wurzelwerk gerodet. Man überläßt die Fläche sich selber. Eine Rasenecke wird nicht mehr oder nur noch jährlich gemäht. Unmittelbar neben ausländischen Gehölzen werden einheimische gepflanzt. Im Laufe der Jahre beginnt man die ausländischen zu lichten. Sind die einheimischen groß genug, werden die ausländischen Gehölze ganz beseitigt. Wir verzichten auf Kunstdünger und spritzen kein Gift mehr. Unter dem Gehölz verzichten wir auf das Beseitigen von Laub und Dürrholz, lassen spontan auftretenden Unterwuchs gewähren. Von vielen kleinen Anfängen schreiten wir allmählich zum Ganzen. Vor allem aber ändern wir unsere Einstellung gegenüber der Natur. Ausländische, standortfremde Pflanzen bezeichnen wir als Unkraut, die standortgemäßen einheimischen als Kraut. Und dann beginnen wir behutsam, dem Kraut Platz zu machen, indem wir das Unkraut beseitigen.

Erklärung von Fachausdrücken

Alluvionen: Ablagerungen von Bächen und Flüssen.
Altlauf (Altwasser): Natürlich oder künstlich abgetrennter, zum Stehgewässer gewordener Arm eines Bach- oder Flußlaufes.
Amphibien: Lurche (Frösche, Kröten, Molche, Salamander).
Auen: Bereiche eines Talbodens, die bei Hochwasser regelmäßig überschwemmt werden.

Bodenbedecker: Alle niedrig wachsenden Pflanzen, die geeignet sind, die Bodenoberfläche abzudecken.
Biologischer Landbau: Anbau von Kulturpflanzen unter naturnahen Bedingungen. Auf chemische Mittel zur Unkraut- und Schädlingsbekämpfung sowie auf Kunstdünger wird verzichtet. Als Dünger dienen kompostierte organische Stoffe und Gesteinsmehl. Daneben auch Gründüngung. Verschiedene Richtungen.
Biotop: Lebensraum, Standort von Lebewesen.
Brache (Brachland): Nicht bestelltes Ackerland.

Dauerwiesen: Wiesen, die seit Jahrzehnten nie mehr gepflügt und frisch eingesät worden sind.

Erlenbruchwald: Wald der Schwarz-Erle auf Flachmoor.
Erosion: Abtragung der Bodenoberfläche, meist durch fließendes Wasser.
Extensivwirtschaft: Der Boden wird landwirtschaftlich nicht maximal ausgenützt. Auf Kunstdünger, Jauche oder Gift wird verzichtet.

Fauna: Tierwelt eines bestimmten Gebietes.
Fettwiese: Mit Kunstdünger, Jauche usw. stark gedüngte Wiese.
Flachmoor: Nährstoffreiches Moor, das sich nicht oder kaum über den Grundwasserstand erhebt.
Flora: Pflanzenwelt eines bestimmten Gebietes.

Gründüngung: Anbau von Grünpflanzen, die später eingehackt oder eingepflügt werden, oder die natürlich absterben.

Herbizide: Pflanzentötende chemische Mittel.
Hochmoor: Über dem Grundwasser liegendes Moor.
Hochwald: Hochstämmiger Baumbestand.
Humus: Organische Bestandteile des Bodens.

Kleinseggenried: Vertorftes Flachmoor mit Kleinseggenbestand.
Kolline Höhenstufe (Hügelstufe): Unterste Höhenstufe mit Laubmischwald.
Kunstwiesen: Einjährige oder wenigjährige angesäte Wiese aus wenigen Arten.

Lurche: Amphibien.

Monokultur: Großflächiger Anbau einer Pflanzenart.

Naßstandort (Feuchtgebiet): Standort mit überdurchschnittlichem Wassergehalt.

Niederwald: Niederstämmiger Wald aus Stockausschlägen.

Ökosystem: Durch Wechselwirkung gleichbleibendes System aus Biotopen und deren Pflanzen- und Tierarten.

Pionierstandort: Vegetationsloser Biotop, geeignet für Erstbesiedler.

Rasen: Wiese, die durch häufiges Schneiden kurzwüchsig gehalten wird.
Reptilien: Kriechtiere (Eidechsen, Blindschleichen, Schlangen, Schildkröten).
Rohboden: Gesteinsboden ohne oder mit sehr wenig Humus.
Rote Liste: Verzeichnis von denjenigen wildlebenden Pflanzen- und Tierarten, die in einer bestimmten Gegend verschollen oder gefährdet sind.

Schlag: Gebiet im Wald, wo das Holz flächig gefällt wurde.
Schlick: Feinkörnige, schlammartige Ablagerung der Gewässer.
Schachen: siehe Auen.

Vollkerf: Vollausgebildetes, geschlechtsreifes Insekt (Imago).

Wurzelbrut: Regeneration einer Pflanze aus Wurzelteilen.

Quellen

1 *Stauffer, H.U.*: Veränderungen in der Flora des Aargaus. Mitt. Aarg. Naturforsch. Ges., Heft 26 (1961)
2 *Haeupler, H., A. Montag und K. Wöldecke*: Verschollene und gefährdete Gefäßpflanzen in Niedersachsen. 30 Jahre Naturschutz und Landschaftspflege in Niedersachsen. Niedersächsisches Ministerium für Ernährung, Landwirtschaft und Forsten (1976)
3 *Beuret, H.*: Die Reinacher Heide bei Basel, ein Naturkleinod in der Agonie. Mitt. Entomolog. Ges. Basel, N.F., 10. Jg., Nr. 6 (1960)
4 *Weber, J.*: Die Rhopalocerenarten der Gemeinde Weinfelden im Jahre 1972. Schweiz. Jugend forscht, 6. Jg., Nr. 6, S. 11–13 (1973)
5 *Veröffentlichungen des Bayerischen Umweltschutzministeriums*: zitiert in Natur und Mensch, 19. Jg., Nr. 3, S. 199 (1977)
6 *Europarat. Nature and Environment Series No. 15*: Threatened Amphibians and Reptiles in Europe, by R.E. Honegger (1978)
7 *Bruderer, B. und W. Thönen*: Rote Liste der gefährdeten und seltenen Vogelarten der Schweiz. Herausgegeben vom Schweiz. Landeskomitee für Vogelschutz (1977). Zu beziehen beim Schweiz. Bund für Naturschutz, Postfach 73, CH-4020 Basel
8 *Blab, J., E. Novak, W. Trautmann und H. Sukopp*: Rote Liste der gefährdeten Tiere und Pflanzen in der Bundesrepublik Deutschland. Kilda-Verlag, Greven (1978)
9 *Gruppe Oekologie*: Oekologische Zellen. Hubert Weinzierl, Parkstraße 10, BRD – 807 Ingolstadt
10 *Schwarz, P.*: Auf einer Waldlichtung. Zofinger Neujahrsblatt 1975, S. 63–71. Druck: Zofinger Tagblatt AG, Zofingen
11 *Schwarz, U.*: Der Rückgang der Naß-Standorte im Bucheggberg. Mitt. Naturforsch. Ges. Kt. Solothurn, 27. Heft (1977)
12 *Zimmerli, E.*: Freilandlabor Natur. Verlag WWF, Zürich (1975)
13 *Jänicke, M. und H. Weidner*: Optische Täuschung im Umweltschutz. Umschau, Heft 22 (1977)

Curriculum vitae

Am 17. März 1928 wurde ich in Solothurn geboren. Mein Vater war Kreisförster. Bereits vor dem Eintritt in die Primarschule nahm er mich oft mit auf Waldgänge. Damit erwachte mein Interesse an der Natur. Während der Primarschulzeit legte ich eine Schmetterlingssammlung an. Raupen samt Futterpflanzen wurden mir von Mitschülern und Lehrern gebracht. Als Kantonsschüler sammelte ich Pflanzen. Noch vor der Maturität war mein Herbarium auf über 1000 Bogen angewachsen. In Bern und Zürich studierte ich Biologie. Meine Dissertation galt den Fichtenwäldern des Jura. Im Neuenburger Jura nahm ich nach Abschluß meiner Ausbildung eine Vegetationskartierung vor. Auch während der anschließenden Lehrtätigkeit machte ich zahlreiche Exkursionen. Diese ließen mich erkennen, daß der Fortschritt von Technik und Wissenschaft das Leben in der Natur in zunehmendem Maß beeinträchtigt.
Mein Vater hatte in seinem Garten einheimische Bäume und Sträucher gepflanzt. In ihrem Schatten zog ich Waldpflanzen, die sich bald von selber ausbreiteten. So legte ich als Schüler erstmals eine naturnahe Lebensgemeinschaft an. Als meine Frau und ich 1957 in Bremgarten AG ein Haus erwarben, pflanzte ich auf zwei Seiten des Grundstückes eine Hecke samt dem zugehörigen Unterwuchs. 1961 ließen wir in Riedholz SO ein Haus bauen. Mit einheimischen Pflanzen aus der Umgebung legte ich Gebüsch, Hecke, Schlagfläche und Tümpel an. Meine Frau ließ mich gewähren. Schon ihr Vater hatte Moorpflanzen vor Beginn der Melioration in seinen Garten geholt. Auch die Kinder liebten den Naturgarten, vor allem deshalb, weil es darin vergleichsweise wenig Arbeit gibt. Wir hatten Erfolg mit naturnahen Lebensgemeinschaften, indem etliche Amphi-

bien-, Schmetterlings- und Heuschreckenarten, Waldmaus, Neuntöter und viele andere Tiere in unserem Garten heimisch geworden sind.

Seit wir in Riedholz wohnen, unterrichte ich an der Kantonsschule Solothurn Biologie. Nebenbei arbeite ich im Kantonalen Naturschutz mit. Bei der Kartierung der Schweizer Flora habe ich in über 300 ganztägigen Exkursionen den Kanton Solothurn bearbeitet. Dabei wurde mir bewußt, daß es mit dem erhaltenden Naturschutz allein nicht getan ist. Für den gestaltenden Naturschutz aber sind die Grünflächen im Siedlungsraum sehr geeignet. Diese naturnah zu gestalten, ist dem Landbesitzer jedenfalls durch wirtschaftliche Sachzwänge nicht verwehrt. Das Bau-Departement des Kantons Solothurn entlastet mich von der Lehrtätigkeit, damit ich unter anderem auch durch Beratung mithelfen kann, naturnahe Bepflanzungen anzulegen. Dies allerdings nur, wenn das dazu ausersehene Land im öffentlichen Besitz ist, und es die zuständige Behörde wünscht. Das war bis jetzt am meisten bei Grünflächen um Schulhäuser der Fall.

1971 habe ich im Aprilheft des „Schweizer Naturschutz" erstmals meine Ansichten über Naturgärten dargelegt. Ein ähnlicher Artikel in „Der Gartenbau" löste einige Jahre später eine breite Diskussion aus. Bejahende und ablehnende Stimmen hielten sich die Waage. Weitere Veröffentlichungen folgten. Die Kritik nimmt ab, und das Interesse steigt, was auch die gut besuchten Naturgarten-Kurse beweisen. Ist das ein Zeichen für zunehmendes Umweltbewußtsein? Ich hoffe es.